新・食パン教本

生地・焼成の基礎と
食パンの新展開

中川一巳

㈲JBT・サービス
テクニカルアドバイザー

旭屋出版

はじめに

パンを作る際に私が大事にしているのは、一に安心・安全、二においしさです。商品開発にあたっては誰においしいと思ってもらうかを考えますが、パンの場合は女性客が主体です。女性が好む味や風味を念頭におきながら、おいしいパンとは、体によいパンとは、と材料や製造法を選び工夫していきます。これは食パンにおいても同じです。

さて、「おいしい食パン」の基準を考えたとき、食べやすい、おいしいなどということを最初に感じるのはどの部分でしょうか。私がこだわるのは、クラスト（耳）です。耳がソフトで歯触りに違和感がない食パンが好きです。表皮が厚くかたく違和感がある食パンにならないように、そしてクラム（内相）も、味、食感ともに満足のいくように心がけています。

現在では、パン屋の店頭には多様な食パンが、並べられるようになっています。プレーンな角食パンや山食パンはもとより、雑穀入り、ナッツ入り、ドライフルーツ入り、海草入り、野菜入りの食パン、とバリエーション豊かです。形も四角形だけではなく、円筒形、半円筒形などもあります。また、パンは製法により味、食感が変わります。直捏《じかごね》法（ストレート法）、中種法（スポンジ法）、ポーリッシュ法（水種法）、天然酵母種法、湯種法、低温長時間熟成法など、種々の製法により作られますが、食感、旨味、風味がそれぞれ異なり、どのパンにも特徴があります。プレーンな生地でも小麦粉、食感、風味などを変えれば違うおいしさが生まれます。さらに具材や形の組み合わせも加えると、種類は無限と思えるほど広がるでしょう。ただ、どこまでが食パンで、どこからが菓子パンや他の種類のパンになるのかは、作り手一人ひとりの考え方や価値観によります。自分が思う食パンの範囲で、お客様に求められるおいしさを提供していくとよいと思います。

本書は仕込み前の準備段階から焼成完了までをハード面、ソフト面から多角的に捉え、レシピもわかりやすく作りやすいことを第一に考えました。食パンと聞くと画一的なイメージが浮かびますが、実は、食パンは作り手にとっても食べる人にとっても奥が深く、多彩で楽しいパンなのです。さまざまなレシピにトライして、食パンを極めてください。

㈲ＪＢＴ・サービス代表取締役
テクニカルアドバイザー
中川一巳

もくじ

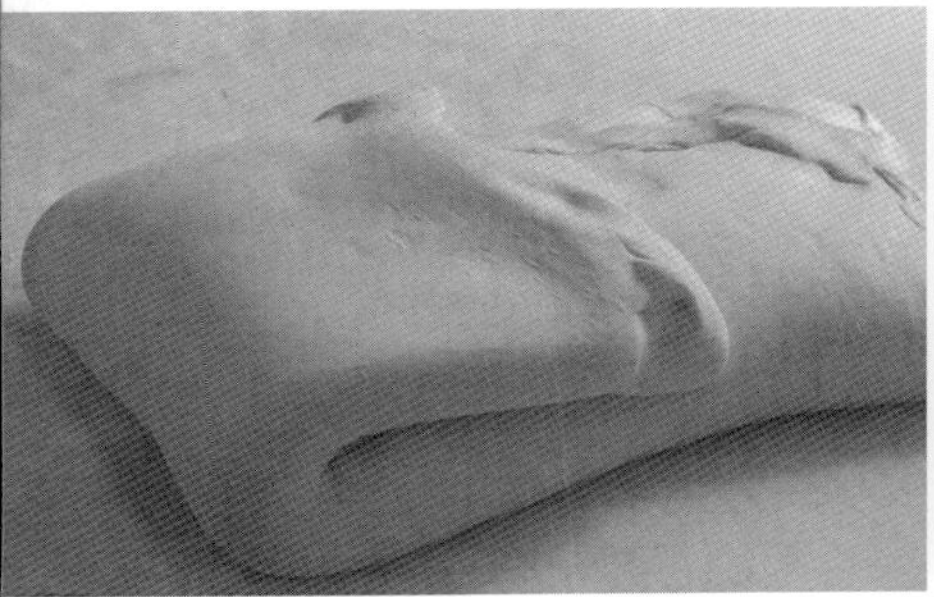

第4章 アレンジ系食パン

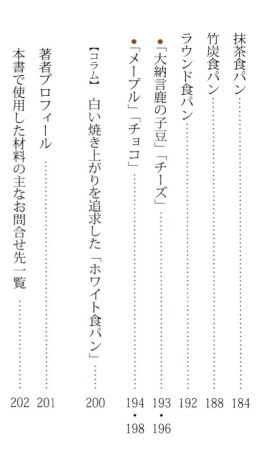

本書をご利用になる前に

製法の分類、名称などには諸説あり、本書では著者の考えと経験に基づいて説明しています。

本書に掲載のパンの作り方の温度、時間等は目安としてお使いください。使用する材料、型、機材、製造環境によってパンの生地の状態や仕上がりは変わります。お使いの材料、機器類や製造環境等に合わせて、温度や時間を調整してください。

ベーカーズパーセントとは、配合中の粉の総重量を100%として、その他の材料を粉の総重量に対する割合で表したものです。

本書では、パンを作るのに必要な数値の算出を、計算式の例を挙げて説明したり、レシピに分割重量や比容積の数値を記したりしていますが、作りやすいきりのよい数値に切り上げ・切り捨てしています。一定の決まりはなく、著者の経験により、そのパンの性質や状況に応じた数値にまとめています。きりのよい数値に切り上げ・切り捨てした場合も「約」は省略しています。

- 本書では、標準的な食パンに使う強力小麦粉としてタンパク量12.0%、灰分量0.38～0.48%のものを材料としていますが、食パンの種類によってはメーカーの個別ブランドを例示しているものもあります。
- 作り方に出てくる「室温」は24～26℃です。
- パン生地を捏ねるミキサーは縦型ミキサー、オーブンはデッキオーブンを使用しています。
- バター、マーガリンは食塩不使用のものを使用しています。マーガリンは、ファットスプレッドを含むマーガリン類を「マーガリン」と記載しています。
- バターとショートニングを配合しているレシピはマーガリンに置き換えることができます。逆にマーガリンをバターとショートニングに置き換えることもできます（P10参照）。本書に掲載の材料の写真は、バターとショートニングをマーガリンに置き換えている場合があります。
- 生クリームは、動物性、植物性、コンパウンドクリームを含めて「生クリーム」と記載しています。
- 粉乳は脱脂粉乳、全脂粉乳どちらをお使いいただいてもかまいません。
- 型やパンの仕上げに塗るバター、打ち粉、手粉などは材料に記載していません。
- 「角食」は角型食パン（プルマン食パン）、「山食」は山型食パンを表しています。

本書に掲載のパンの断面の写真は、手切りしたもの、スライサーでカットしたもの、手で裂いたものがあります。
材料（集合）写真は、記載がない場合は粉3kg仕込みの量です。

食パン作りにおける基本の考え方と注意点

各数値の算出方法は15ページにあります。

準備段階における考え方と注意点

【材料について】

小麦粉

小麦粉はタンパク質量（以下、タンパク量）と灰分量をチェックして選びます。

・**タンパク量**　小麦粉に含まれる2種類のタンパク質、グルテニンとグリアジンがパンを作るミキシングの過程で結合してグルテンができます。グルテンには伸展性があるので、タンパク量によってパン生地の伸び（膨張率）が変わります。タンパク量が少ないとボリュームが不足し、多過ぎると表皮が薄くなってケービング（腰折れ）を起こします。

・**灰分量**　小麦粉を焼いた後に残る灰（ミネラル）を灰分といい、灰分量が少ないほど小麦粉の等級は上級になります。もっともよく使われるのは灰分量が0・35～0・45％の一等粉で、灰分量が0・45～0・6％の二等粉は菓子パンによく使われます。

・**食パンに向く小麦粉**　日本の製粉メーカーが作る小麦粉で、食パンに適しているのは、タンパク量12・0％、灰分量0・38～0・40％の強力粉が標準的です。他に、タンパク量13・5％のグルテン強化粉（高タンパク小麦粉）、灰分量をわずかに多くしたフランスパン用小麦粉が使われます。

バイタルグルテン

小麦粉からグルテンだけを取り出したものです。パン生地にタンパク量が不足する場合に、不足分をバイタルグルテンで補います。

イースト

パン生地が発酵するのは、酵母のうちのサッカロミセス・セレビシエによるアルコール発酵です。日本ではサッカロミセス・セレビシエだけを純粋培養したものをイーストと呼び、果実や穀物を原料に起こした酵母を天然酵母、自然酵母、自家製酵母などと呼び分けています。本書では、生イースト、インスタントドライイースト、天然酵母を使用しています。

・**生イースト**　生イーストは耐糖性があるので、砂糖を配合しているパンに向きます。食パンの場合、砂糖を配合するものがほとんどなので、生イーストを主に使います。生イーストは「生」と示されていることからもわかるように、鮮度が大切です。古くなると発酵力が落ちますので、新鮮なものを仕入れ、乾燥しないように包んで冷蔵保存して早めに使い切ります。

・インスタントドライイースト　砂糖の配合がベーカーズパーセント３％以下の場合に適しています。インスタントドライイーストを使う配合には、砂糖の代わりにモルト（麦芽糖）を加えて、イーストの発酵を促進する糖分を補います。

ＦＭＰ

Ferment Magic Powder（発酵する魔法の粉）の略。小麦粉、各種の酵素（「万田酵素」）、ミネラルを主原料とする発酵補助食品で、ＦＭＰを使用しているのが本書のレシピの特徴です。１００％自然成分でできているため添加物表示は必要ありません。

・ＦＭＰの働き　パンは、前述のアルコール発酵と同時に進行する乳酸発酵によりできるアミノ酸や有機酸が旨味の成分となります。おいしいパンを作るためには乳酸発酵をしっかり行って、アミノ酸や有機酸をより多く作ることが大切です。天然酵母発酵法をはじめ、長時間発酵法、低温熟成法などが適していますが、手間や時間がかかり発酵力不足など、問題が起きやすい方法でもあります。その問題点を改良し、酵母の発酵の手助けをするのがＦＭＰです。発酵を促進活発化して、ボリュームが出る、クラム（内相）の穴あきを改善するなど、発酵過程をスムーズに進めます。

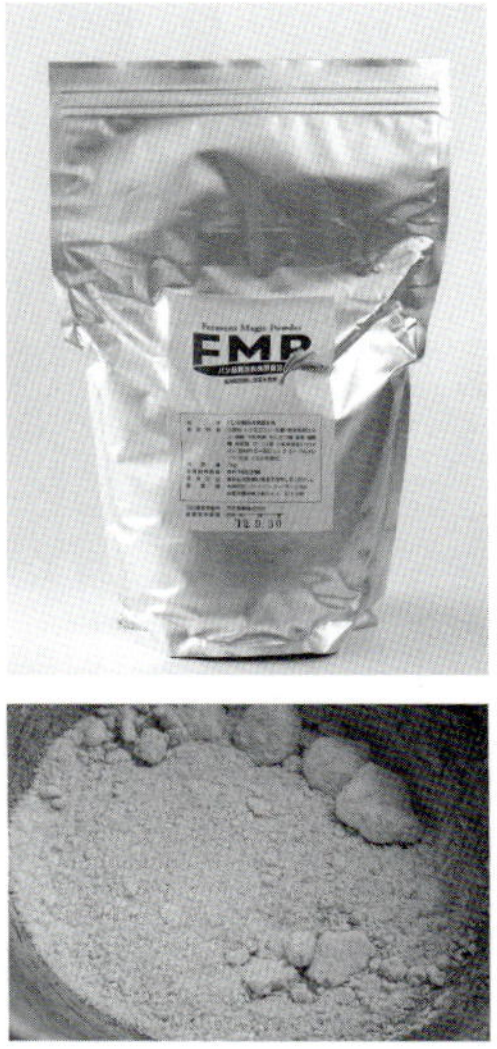

著者が万田酵素と共同で独自開発した発酵補助食品FMP。
問合せ先：㈲JBT・サービス
（→P202）

水

水は一般的な水道水を使います。重要なのは温度です。室温が高い時は材料の温度も高くなり、温度が高めの材料でミキシングをスタートすれば当然、捏上《こねあげ》温度も高くなります。仕込み水の温度は、材料の温度を調整するための役割もあると考え、目標とする捏上温度から見て何度にするのがよいか計算して調整しましょう。

・仕込み水の温度　計算式で算出できます。算出した水温が０℃以下になった場合は氷で調整します。

塩

塩は生地中のグルテンに作用して生地のべたつきを減らし、作業性を高めると同時に弾力性を増します。酵母を抑制する働きがあるため、発酵をコントロールする役目もします。

・自然塩と精製塩　粉、酵母、塩、水だけといったリーンなパンには、自然塩が向きます。材料がシンプルなので、自然塩に含まれるにがりやミネラルがパンの味わいを深めます。逆に、混ぜ物が多いパンには、にがりやミネラルが余計な味になる場合があるので精製塩を使うほうがよいでしょう。

砂糖

砂糖（糖類）の効果は甘味を加えるのと、ソフト化です。特に女性や子どもに好まれ、配合量は少しずつ増えています。40年前は小麦粉に対して５％が主流でしたが、近年は６・５〜７％になっています。酵母への作用は、対粉５％までは酵母の働きを促進し、

5％以上は抑制します。

・**食パン型による違い**　砂糖が入っていると早く色付きます。角食パンのレシピで山食パンを作る時は砂糖を1％減らし、山食パンのレシピで角食パンを作る時は、蓋をするので、砂糖を1％増やします。

油脂

練り込み油脂は固形油脂を使用します。バター、マーガリン、ショートニング、ラードなどです。

・**バター**　風味がよいのが特徴です。原料はもちろん、作られた土地や時期などによって融点が異なるので見極めが必要です。融点が低いほうが口溶けはよくなります。

・**マーガリン**　人工的に加工されたものなので融点が決まっており、パンの仕上がりを安定させられます。マーガリンには油脂含有量が80％以上のものと80％未満のもの（ＪＡＳ規格では「ファットスプレッド」と呼ぶ）があります。

・**ショートニング**　水分を含まず油脂１００％のため、サクサクとした食感を出したいパンに、また、無味無臭のため、油脂の風味を出したくないパンにも向きます。

・**置き替え**　本書のレシピのうち、バターとショートニングを合わせる配合のものは、合計量をマーガリンに置き替えることができます。逆にマーガリンの配合をバターとショートニングにしてもよく、その場合はバター4対ショートニング2の割合にするとよいでしょう。

・**離型オイル**　パン生地に直接関係はありませんが、生地が型や番重から離れやすくするために型や番重に塗る専用オイルです。スプレー式のものが手早く薄く塗れます。特に型に塗る場合、オイルが多いと揚げた状態になって焦げるので気をつけます。

副材料

雑穀やドライフルーツなどの混ぜ物をする場合は材料に応じた前処理が必要です（各レシピ参照）。

・**雑穀**　粉にしてあるものは前処理は不要ですが、粒子が粗いものは前処理します。オーブンでローストする、あるいは、前日に2～3倍の熱湯に入れ、かき混ぜながら3分ほど炊き、冷却してビニールに包み冷蔵庫で保管するなどの処理をします。

・**ドライフルーツ**　水洗いして汚れや不純物を取り除くと同時に水分の補給をします。水分補給をしないで使用した場合、パンの水分をドライフルーツが吸収してしまい、老化が早まります。

・**ナッツ**　使用する1時間ほど前にローストして冷まします。使用直前にローストすると残った粗熱が生地温度を高めてしまい、逆に早い時期にローストすると酸化して味が落ちます。大量のナッツをまとめてローストした場合は、冷凍庫で保管します。

【型について】

食パンは型（パンケース）を使用してパンを焼成します。本書では、2斤型を使っています。

型の選び方

熱吸収がよいのは外側が黒塗りのもの。白色や銀色の場合は熱を反射してしまうので、焼成温度を通常より10℃上げ7～8分長く焼成するとよいでしょう。また、底に穴があると、溜まった炭酸ガスを逃がせます。穴がない場合は、加熱によって膨張した炭酸ガスが生地を押し上げて空洞を作ってしまいます。内側がシリコン加工してあると生地が離れやすく、きれいに取り出せます。

容積を把握する

型はメーカーなどによって大きさや容積が違うのに、食パンのレシピの多くは使用している型についての記載がなく、パン生地の分割重量のみで、これで焼成を成功させられるか疑問に思います。私はレシピには分割重量とともに、生地膨張倍率または比容積、玉数（個数）を記すようにしています。それにより、どのような型を使用していても、型に対して適正な生地重量、分割重量を割り出すことができます。作る前に使用する型の内寸を計測して容積を把握しておくことが必要です。

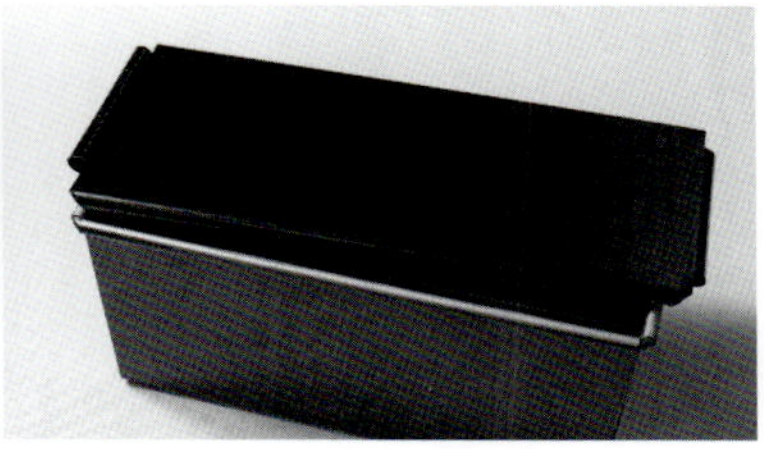

外側が黒塗り

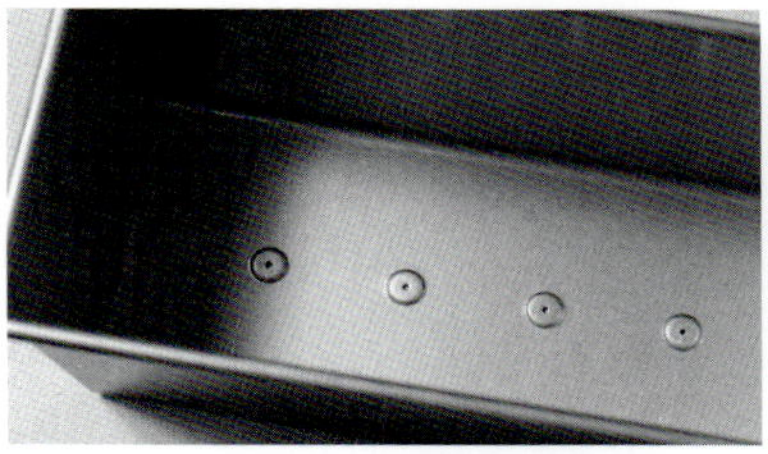

内側がシリコン加工、底に穴がある

【生地量の計算】

型の容積を生地膨張倍率（以下、膨張率）で割ると、型1台分に必要な生地重量が出ます。同様に、型の容積を比容積で割ると型1台分の生地重量が出ます。これを玉数で割ると分割重量が出ます。

膨張率

焼成した時、仕込み生地の何倍のボリュームになるか、その数値が膨張率です。前述のように、膨張率はグルテンの量によって違い、グルテンの多い小麦粉、すなわちタンパク量の多い小麦粉は膨張率が大きくなります。たとえば通常よく使われるタンパク量12・0％の強力粉でプレーンのパンを焼いた場合、膨張率は4・1〜4・3倍となり、本書のレシピでは中心をとって4・2倍としています。膨張率は角食パンか山食パンかによって変える必要はありませんが、好みにより山食パンのほうの膨張率を0・1倍小さくしてもよいと思います。

比容積

型の容積が生地量の何倍かを表す数値が比容積です。型の容積を生地重量で割って算出します。数値が大きいほど軽い食感のパンができ、小さいほど食感が重くなります。一般的に、角食パンは3・6〜4・2、山食パンは3・2〜4・0とされています。

副材料を入れる場合

副材料、たとえばドライフルーツや雑穀を混ぜた生地の膨張率または比容積は低くなり、プレーンと同じ生地量ではボリュームが足りないパンになります。生地は発酵して膨張しても混ぜ物自体は膨張しないので、その分ボリュームが不足するからです。対処方法は次の通りです。

- **混ぜ物の量だけ生地量を増やす**
- **バイタルグルテンを添加する**
- **グルテン強化粉（高タンパク小麦粉）を使用する**

分割重量

1台分に必要な生地量を玉数で割って1玉分の重量、すなわち分割重量を出します。食パン生地はやわらかいので、2斤型1台につき4玉を目安にします。さらにやわらかい生地の場合は腰折れしやすいので、玉数を増やします。玉と玉の接する部分が生地を支える「柱」になるからです。また、角食パン用の分割重量を使って山食パンにする場合は1玉につき10g程度増やします。逆に↘

山食パン用の分割重量を角食パンに使う場合は、1玉につき10g程度減らします。角食パンは蓋をしますが、山食パンの場合は型の口から頭が出るように高く膨らませますので、その分の生地量が必要になるからです。

製造段階における考え方と注意点

【計量】

計量のミスはやり直しがききませんので、慎重に計量をしてください。その上でよく確認をすることが大切です。

注意点　ベーカーズパーセントが小さい材料ほど計量の誤差が影響するので注意が必要です。また、脱脂粉乳のように水分を吸って固まる性質があるものは、使用直前に計量します。

【ミキシング】

ミキシングの段階はそれぞれ、ピックアップステージ（つかみどり段階）→クリーンアップステージ（水切れ段階）→ディベロップメントステージ（結合段階）→ファイナルステージ（最終段階）に分けられます。

ピックアップステージ（つかみどり段階）

生地の材料を均一に混ぜます。生地はべとべとした状態でミキサーボウルにつき、引っ張ると簡単にちぎれます。↘

クリーンアップステージ（水切れ段階）

グルテンが形成されはじめます。ミキシングタイムの30～40％の段階、グルテンがおおむね形成され、材料に水が入り切る段階です。遊離水がなくなり、生地がボウルにくっつかなくなります。油脂を入れる場合は、この段階の後（水が入り切った状態）に加えます。バターやマーガリンなどは混ざりやすくするために、事前にポマード状にしておくか、小さくちぎって加えます。

ディベロップメントステージ（結合段階）

生地全体がひとまとまりになります。油脂を加えた場合は、しっかり混ぜ込みます。

ファイナルステージ（最終段階）

最終段階は中高速（ＭＨ）で1分間に1～2℃上昇するので、温度を確認しながら作業を進めます。生地につやが出て光るくらい、食パンの場合、オーバーミキシングの直前くらいがよく、アンダーミキシングは避けます。

捏上温度《こねあげ》

生地の捏上温度はグルテンを形成するのに最適な温度で、生地の種類によりおおよそ決まっています。目標の捏上温度にできるだけ正確に捏ね上げるため、仕込み水と捏上温度のデータを日々記録するとよいでしょう。目標とする捏上温度のプラスマイナス2％の範囲なら問題ありませんが、それより高い場合は、発酵が早く進み過ぎ、粘りがなく切れやすくなります。低い場合は、だれやすい生地になります。前者はフロアタイム（一次発酵）を短く、後者は長くして調整します。

【フロアタイム（一次発酵）】

夏、冬を問わず、同じ条件で発酵させ、仕上がりを同じにする工夫が必要です。ボリュームが発酵前の2倍ほどになり、手粉をつけて生地を突いて抜くと生地がゆっくり戻り指跡が少し残るのが、よい発酵状態です。指跡が沈むようなら発酵が進み過ぎ、指跡が消えるようなら発酵不足です。

パンチ（ガス抜き）

発酵によって発生したガスを適度に抜き、酵母が新たな空気を取り込みやすくして発酵を促すプロセスです。これにより酵母が活性化し、グルテンも刺激されるので生地が強化され、窯伸びしやすくなります。弱い生地を強めるため、ボリュームを出したい、コシを調整したい、粉の風味をもっと引き出したいなどの時にパンチをします。回数と行うタイミング（発酵途中や終わり頃など）は、生地の性質と状態によって変わります。ガスを抜く強さも生地の状態を見て加減します。パンチは必ず必要なのではなく、生地によって必要なければ行いません（ノーパンチ）。

【分割・丸め】

生地に与えるストレスやダメージを極力少なくすることが大切です。生地にやさしい最良の方法は、手分割、手丸めです。分割を1回で終え、丸めはガスをつぶさないように軽く行えば、さらによいと思います。分割機や丸め機にかけられたパンと、手分割、手丸めの差は、食パンのクラスト（耳）を食べ比べればわかります。

【ベンチタイム】

分割・丸めの工程でガスが抜けて生地がかたくなり、ストレスやダメージを受けます。このダメージやストレスを解消し、次の工程である成形を行いやすくするために生地の緩和や、収縮したグルテンの緩和をする時間がベンチタイムです。

注意点　生地の表皮を乾燥させないようにします。表皮が乾燥するとパンの内相に縞模様ができることがあります。番重の蓋はしっかり閉めて密閉します。生地にかけるのは布よりビニールのほうが効果があります。

【成形】

分割・丸めと同様、手による成形が最良です。クラストが薄く、クラムがふわっと焼き上がります。ストレスとダメージを与えないように、生地にやさしく成形します。発酵で発生したガスを抜き過ぎずに、薄い膜を一枚かけるイメージで表面を張らせると、きれいに焼き上がります。特にやわらかく弱い生地は、極力ガスを抜かないようにやさしく扱わないと表面の生地が切れ、最終発酵で膨らむと破れてしまいます。逆にコシが強い生地や発酵し過ぎてしまった生地の場合は、少し締めてやるほうがよいでしょう。触感で生地の状態を判断し、力のかけ具合を加減するのも大切です。手粉は多くつくとその部分だけかたくなるので、使う量はできるだけ少なくします。

モルダー（成形機）を使うと、時間と労力の節約になり、生地の形と目が揃います。しかし、機械を通すと生地にストレスがかかるため、目が詰まり、クラストは少々厚くかためになります。

【ホイロ（最終発酵）】

食パンの場合は、発酵室の温度36～38℃、湿度70～80％で、生地表皮が乾燥しない状態にします。角食パンは蓋をするので、型の70～75％くらいの高さまで膨らませ、山食パンの場合は型の口から1cm下の高さまで膨らませますが、角・山食パンとも、混ぜ物をした生地の場合や生地の伸展性によって加減します。

【焼成】

ホイロ後、生地の状態が変わらないうちにオーブンに入れ、焼成します。山食パンの場合、砂糖の量がベーカーズパーセント5％未満の場合はスチームを軽く入れます。スチームの量が多いと焼き上がりのボリュームが少々減るので注意します。オーブンにスチーム機能がない場合は、霧吹きします。角食パンの場合はスチームは必要ありません。

オーブン

食パンを焼くオーブンとしてライン生産ではトンネルオーブン、スパイラルオーブンがあり、小規模生産手作りではロータリーラックオーブン、リールオーブン、デッキ（固定）オーブン、コンベクションオーブンがあります。

- **リールオーブン**　焼きムラが少なく焼成時間もデッキオーブンに比較して短く、使いやすいオーブンです。
- **デッキオーブン**　一般的オーブンで、焼きムラが出ることもありますが、焼き色がきれいです。
- **ロータリーラックオーブン、コンベクションオーブン**　下火がつきにくい、熱風で焼成するため焼き色が劣る、クラストが厚くなりやすい傾向があります。

注意点　オーブン庫内の広さに適した分量を焼くことが、よい仕上がりにつながります。たとえば、2枚差しオーブンに2斤型を入れる場合、6台が安全範囲内でしょう。これ以上入れると端火が入りにくくなり、側面の焼き色がつきにくく白くなってケービングの原因になります。

また、型と型の間隔を等間隔にしないと焼きムラの原因になります。少ない台数を焼く時も、オーブン内に平均に点在させて焼きムラを防ぎます。奥長タイプのオーブンでは、奥壁から10cmの場所から前方に向け横の間隔を均一に並べます。前方部の扉と型の間隔は10cm程度あるようにします。

参考

各数値の算出方法

数値の算出は目安として重要です。仕込み水の温度や型の容積などを算出しないで作業をすれば、失敗する可能性が高くなります。しかし、細かな数字にこだわる必要はありません。「おおよそ」でよい場合も多いのです。なぜなら、気温や湿度、作業工程の中での生地の変化、オーブンの状態など、その日その日の状況に対応して、温度を1℃上げたり、発酵時間を短くしたりといった判断をすることのほうが、小数点以下の数字を切り上げるか切り捨てるかよりも、はるかに重要だからです。計算の仕方と考え方は身につけつつ、数値を目安として活用し、経験による自分なりの「おおよそ」の数字をつかんでください。

※本書では、算出した数値の1の位以下は、著者の経験によって適した数値に切り上げ・切り捨てしています。

仕込み水の温度

→解説 P9

●種生地を入れない場合

仕込み水の温度＝3×(捏上温度－摩擦による生地の温度上昇分)－(粉の温度＋室温)

(例) 捏上温度28℃、摩擦により上昇する温度8℃、粉の温度30℃、室温30℃の場合
3 (28−8)－(30＋30)＝0　仕込み水の温度は0℃

●種生地を入れる場合（発酵種法、湯種法など）

仕込み水の温度＝4×(捏上温度－摩擦による生地の温度上昇分)－(粉の温度＋室温＋種生地の温度)

(例) 捏上温度28℃、摩擦により上昇する温度8℃、粉の温度30℃、室温30℃、中種の温度28℃の場合
4 (28−8)－(30＋30＋28)＝－8　仕込み水の温度は−8℃

●仕込み水の氷と水の量の算出

氷の量＝[仕込み水量×(水の温度－仕込み水の温度計算値)]÷(水の温度＋80)

※仕込み水の温度計算値は上記（「種生地を入れない場合」または「種生地を入れる場合」）の計算による値

水の量＝仕込み水量－氷の量

(例) 仕込み水量3kg(3000g)、水道水の温度23℃、仕込み水の温度計算値が−8℃の場合
{3000 [23－(-8)]}÷(23＋80)≒902.912　氷の量は約902g
3000－902＝2098　水道水の量は2098g
−8℃の仕込み水3kgは氷902gと水道水2098g

型の容積

→解説 P11

※寸法はすべて内寸

容積＝面積×高さ

(例) 食パン用型の内寸　上部・縦25.5cm、横12.5cm、高さ12cmの場合
25.5×12.5×12＝3825　型の容積は3825mℓ

(例) 円筒形の型の内寸　半径4.8cm、高さ27.6cmの場合
4.8×4.8×円周率3.14×27.6≒1996.738　型の容積は約2000mℓ

●上部が広い食パン型の場合

容積＝[(上部 面積×高さ)＋(底部 面積×高さ)]÷2

(例) 食パン用型の内寸　上部・縦25.5cm、横12cm／底部・縦24.5cm、横11.5cm／高さ12.5cmの場合
[(25.5×12×12.5)＋(24.5×11.5×12.5)]÷2≒3673.437　型の容積は約3670mℓ

型1台分の生地重量および分割重量

→解説 P11

●型1台分の生地重量

型1台分の生地重量＝型の容積÷膨張率または比容積

（例）タンパク質12.0％の強力粉（膨張率4.2）で作った生地を、容積3700mℓの型で焼く場合
3700÷4.2≒880.952　型1台分の生地重量は約880g

（例）比容積3.8の生地を、容積3700mℓの型で焼く場合
3700÷3.8≒973.684　型1台分の生地重量は約970g

●分割重量

分割重量＝型1台分の生地重量÷玉数

（例）型1台分の生地重量が880gで、型1台に4玉詰める場合
880÷4＝220　分割重量は220g

●比容積

比容積＝型の容積÷型1台分の生地重量

（例）容積3700mℓの型に、型1台分の生地重量が880g必要な生地の場合
3700÷880≒4.2045　比容積は約4.2

副材料（固形）を混ぜ込む生地の場合

→解説 P11

●副材料Aのベーカーズパーセント

副材料Aのベーカーズパーセント＝副材料Aの仕込み量÷使用する粉の総仕込み量×100

（例）レーズン1.5kg（1500g）を強力粉3kg（3000g）の生地に混ぜ込みたい場合
1500÷3000×100＝50　レーズンのベーカーズパーセントは50％

●副材料を混ぜ込む生地の型1台に必要な生地重量

型1台分の副材料入り生地重量＝型1台分の必要生地重量÷副材料入り生地に対して副材料を除いた生地の比率

（例）74ページ掲載の「基本のレーズン入り食パン」の場合
※レーズンの混ぜ込み量ベーカーズパーセント30％、トータルベーカーズパーセント219.3％、型の容積3700mℓ
①型1台分に必要な生地重量を求める。
3700÷4.2（タンパク質12.0％の強力粉を使用した場合の膨張率）≒880.952　型1台に必要な生地重量は約880g
②レーズン入り生地のうち生地そのもの（レーズンを除いた生地部分）の比率（割合）を求める。
副材料入り生地に対して副材料を除いた生地の比率＝（副材料を除く生地のベーカーズ％）÷（副材料入り生地のベーカーズ％）
レーズンを除く生地のベーカーズパーセントは、219.3−30＝189.3
189.3÷219.3≒0.863　レーズン入り生地に対してレーズンを除いた生地の比率は約0.86
③型1台分に必要なレーズン入りの生地重量を求める。
880÷0.86≒1023.255　レーズン入り生地の型1台分の生地重量は約1020g

●比容積がわかっている場合の副材料を混ぜ込む生地の型1台に必要な生地重量

型1台分の副材料入り生地重量＝型の容積÷比容積

●型1台の必要生地重量を変えずにバイタルグルテンを添加する場合

添加するバイタルグルテン量（型1台分）＝型1台分の副材料量分の生地÷副材料を除く生地のベーカーズ％×粉のタンパク質％

（例）74ページ掲載の「基本のレーズン入り食パン」の場合
①型1台分の必要生地重量をレーズン入り生地にするので、型1台分の必要生地重量880gをレーズンと生地に分ける。
型1台分の生地重量×副材料入り生地に対して副材料を除いた生地の比率＝型1台分の副材料を除いた生地の重量
型1台分の副材料の重量＝型1台分の生地重量−型1台分の副材料を除いた生地の重量
880×0.86＝756.8　型1台分のレーズンを除いた生地の重量は約757g
880−757＝123　型1台分のレーズンの重量は123g
②レーズンの分が足りない生地量になるので、この生地量123gをレーズンを除く生地のベーカーズパーセント（189.3％）で割って小麦粉量を出し、この小麦粉量に強力粉のタンパク質％（12.0％）をかけて含まれるタンパク量を求め、これをバイタルグルテンに置き換える。
123÷1.893≒64.976　生地123gに含まれる小麦粉量は約65g
65×0.12＝7.8　バイタルグルテン量は型1台分7.8g

第1章

基本的な食パンの作り方

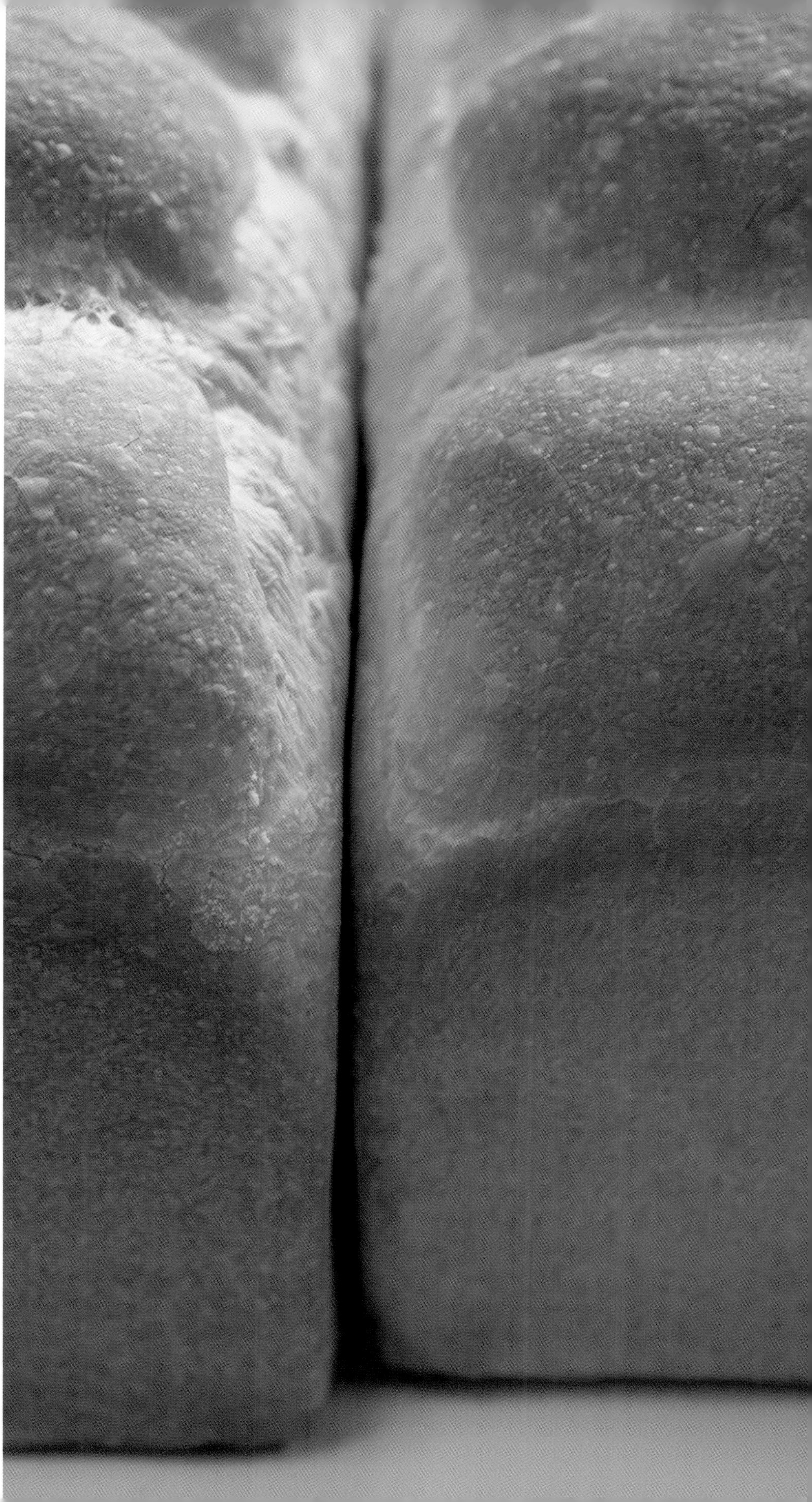

基本の食パン

直捏法

直捏《じかごね》法はストレート法とも呼ばれ、材料を一度に混ぜて作るシンプルな製法です。作業工程が短く、小麦をはじめ、素材の風味をフレッシュに、もっともダイレクトに活かすことができます。シンプルなだけに、材料の質や作業工程の影響を受けやすい難しさもあり、知識と技術が求められる製法とも考えられるでしょう。

本書では、小麦の味わいを活かすため、この製法による食パンをもっとも多く紹介しています。

直《じか》捏《ごね》法

工程

ミキシング → フロアタイム（一次発酵） → 分割・丸め → ベンチタイム → 成形 → ホイロ（最終発酵） → 焼成

材料	ベーカーズパーセント（%）	3kg仕込みの使用量（g）
強力粉	100%	3000g
上白糖	6.5%	195g
食塩	1.8%	54g
粉乳	2%	60g
FMP	0.3%	9g
生イースト	3%	90g
バター	8%	240g
水	71%	2130g
TOTAL	192.6%	

使用した型
容積約3825mℓの2斤型

比容積…………………… 4.2

※比容積、生地量についてはP11、各数値の算出方法はP15参照

強力粉
タンパク質……12.0%
灰分… 0.38 ～ 0.40%

材料（写真は5kg仕込み）

※仕込み水の温度についてはP9参照

材料の主なお問合せ先→P202

ミキシング

ミキサーボウルにバター以外の材料を入れる。

POINT
●イーストは、砂糖、塩に触れないように入れる。浸透圧により、イーストの細胞が破壊されるため。
●水は最後に入れる。材料を水に長く浸しておくと浸透圧が変わり、イーストから水分が出るため。

ピックアップステージ
（つかみどり段階）

ミキサーを低速で3分まわして粉類、イースト、水をなじませる。水が足りない（ボソボソする）場合は適量足す。

POINT
まずは対粉1%の水を計って加え、ミキサーをまわしてみるとよい。生地はある程度弾力のある状態がよいので、水を加え過ぎないように注意する。

クリーンアップステージ
（水切れ段階）

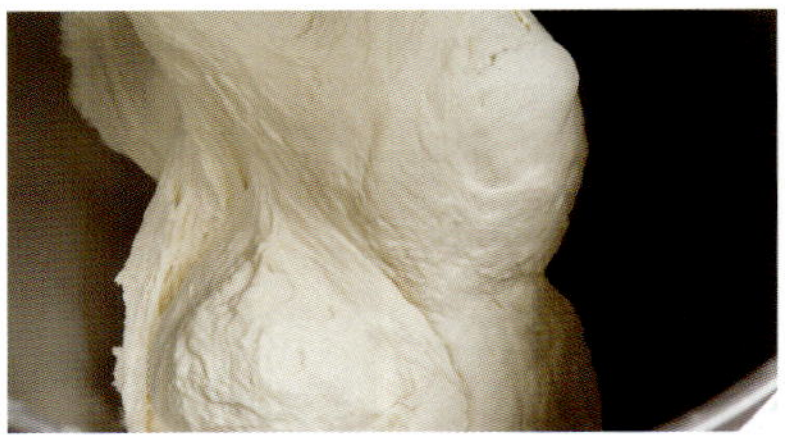

低中速に変えて2分まわす。
水が充分に入り込んだ状態（水切れ段階）を確認する。

POINT
●遊離水がなくなる。
●ボウルにも手にも生地がくっつかなくなる。

ミキサーを止め、バターを加える。

POINT バターは混ざりやすいように、常温（ポマード状）にしておく。

ディベロップメントステージ
（結合段階）

再びミキサーを低速で2分まわし、バターが混ざったら、
低中速に変えて5分まわす。

生地がつながった（結合した）ところで生地温度を確認し、
最終段階のミキシングの長さを調整する。

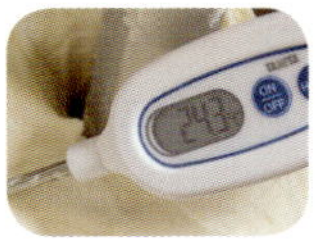

POINT
最終段階のミキシングによる温度上昇は、
中高速1分で1～2℃が目安。

ファイナルステージ
（最終段階）

捏上温度 28℃

プラスマイナス2%
の範囲ならよい。

中高速に変えて3分まわす。
生地のつや、薄く伸びる状態、捏上《こねあげ》温度を確認する。

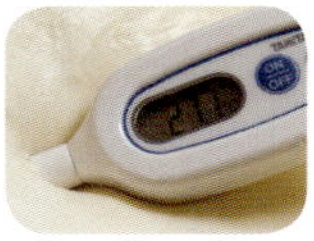

生地の一部を取り出してのばすテスト。向こうが透けて見えるくらい薄く伸びる状態がよい。

フロアタイム（1次発酵）

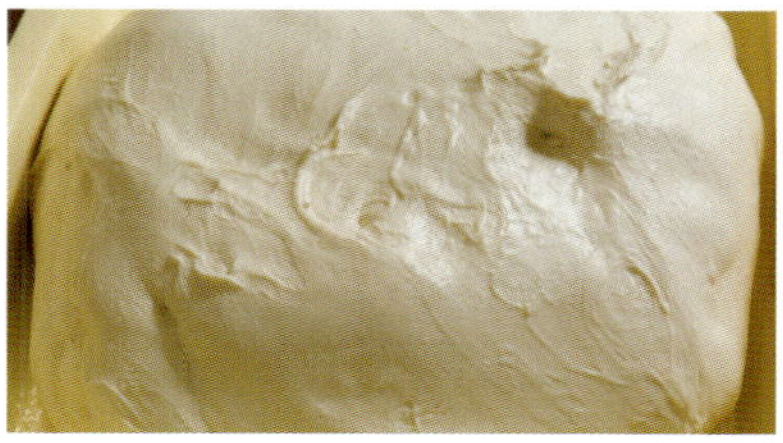
発酵前

発酵後

油を塗った番重に生地を入れ、温度28℃・湿度70%の発酵室に入れ、50分発酵させる。

POINT
- 発酵室はあらかじめ温度と湿度を設定して保温・保湿しておく。
- 油の塗布にはスプレー式離型油を使うと、手早く、薄く塗れる。

分割・丸め

発酵室から出した生地の表面に粉（強力粉）をふり、台にも粉をふる。台の上に番重を逆さにして生地を取り出す。

生地を分割する。※1台4玉詰 分割重量の算出についてはP16参照

角食は230g→3825mℓ（型の容積）÷4.2（比容積）÷4（玉数）

山食は240g→角食の分割重量＋10g

POINT
- 山食は型の口以上に高くするため、型に蓋をして焼く角食よりも1玉を大きくする。1玉につきプラス10gが目安。
- 生地の中のガスを抜かないように、やさしく扱う。

生地を丸める。
切り口を下側（内側）に入れながら、小さな円を描くように生地を転がして丸める。

POINT
- 生地にストレスをかけないように手数は最小限にする。
- 作業中も生地は発酵しているので、手早く行う。
- ガスを抜かないように、力加減はやさしく。

小指側へやや力をかけて、生地を外側からまわすようなイメージで軽く引いて、表面を張らせる。

POINT　生地にコシがない場合は、やや強めに締める。

ベンチタイム

ベンチタイム前

ベンチタイム後

番重に生地を並べて蓋をして、室温で20分休ませる。

POINT ●1次発酵が足りなかった場合はベンチタイムを長めにとる。
●指で押してみて、跡がつく状態がよい。指跡がつかない場合はもう少し休ませる。

生地が休まると、ガスが出て生地の柔軟性が戻ってくるため、指跡がつく。

成形

型に油を塗っておく。

POINT スプレー式離型油を使うと、手早く、薄く塗れる。油が多いと生地が焦げるので気をつける。

角食

麺棒成形する。…………………………………… 山食の成形はP24参照

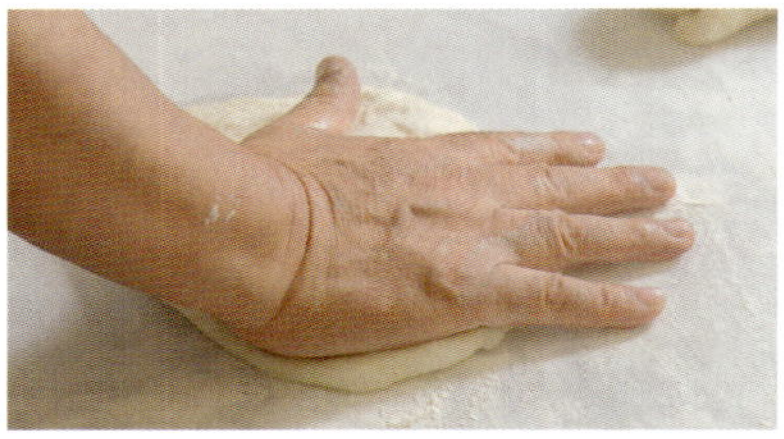

生地を逆さに（底面を上に）して台にのせ、
手の平でたたいてガスを抜く。

POINT ガスの気泡を均一にするため、ややしっかりめにガスを抜く。

麺棒で生地をのばす。

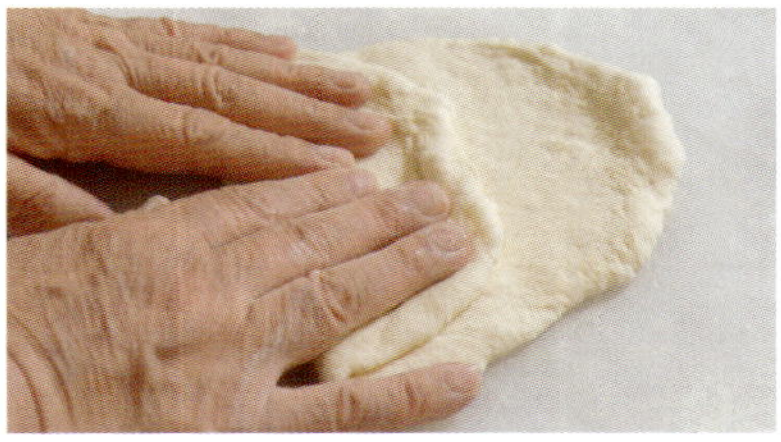

手前から1/3折る。

向こう側からも1/3折り、三つ折りにする。

とじ目を縦におき、手で軽く叩いてから麺棒でのばす。

手前から巻く。

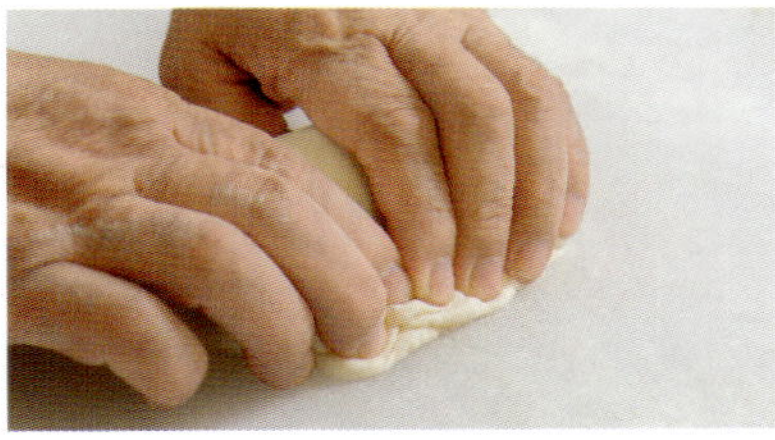

巻き終わりをしっかり押さえてとじる。

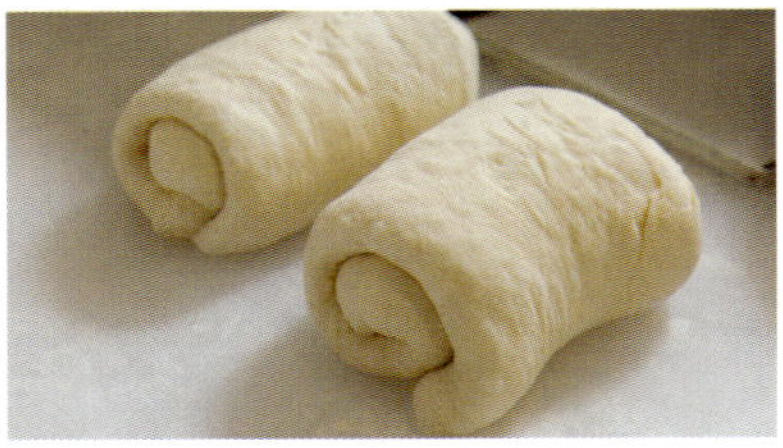

とじ目を下にする。

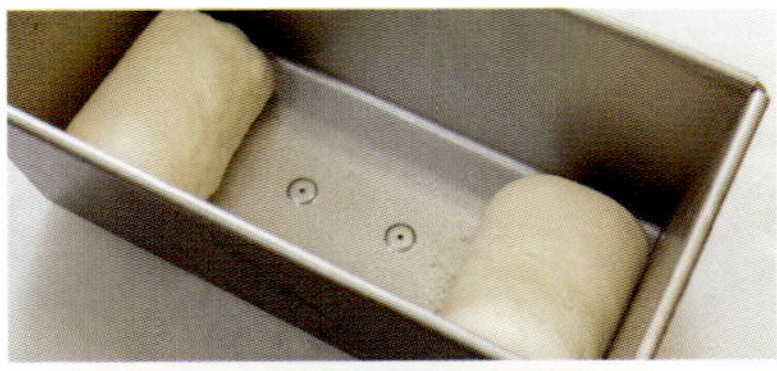

型に詰める（1台につき4玉）。
両端に1玉ずつ入れてから、残り2玉を入れる。

POINT この順番に入れると片寄らないので、
きれいな形に焼き上がる。

山食

手丸めする。

角食の成形はP22参照

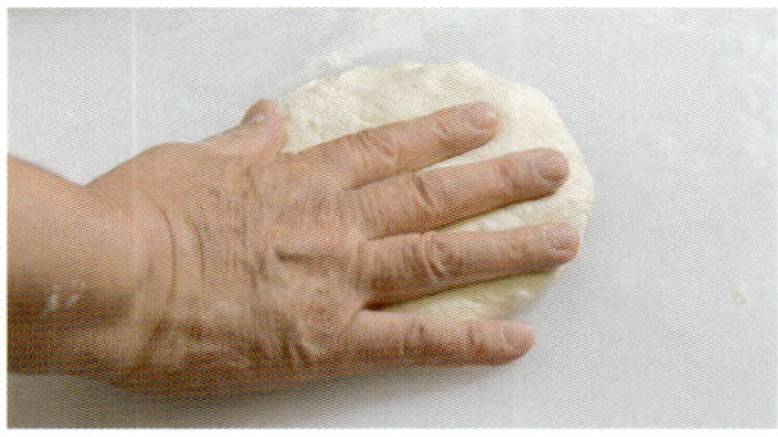

生地を逆さに（底面を上に）して台にのせ、手の平でたたいてガスを抜く。

POINT ガスの気泡を均一にするため、ややしっかりめにガスを抜く。

4つに折りたたむ。

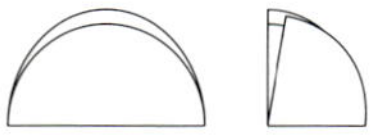

半月に折り、さらに半分に折る。

POINT 外側は厚みがあるので、少しずらす。

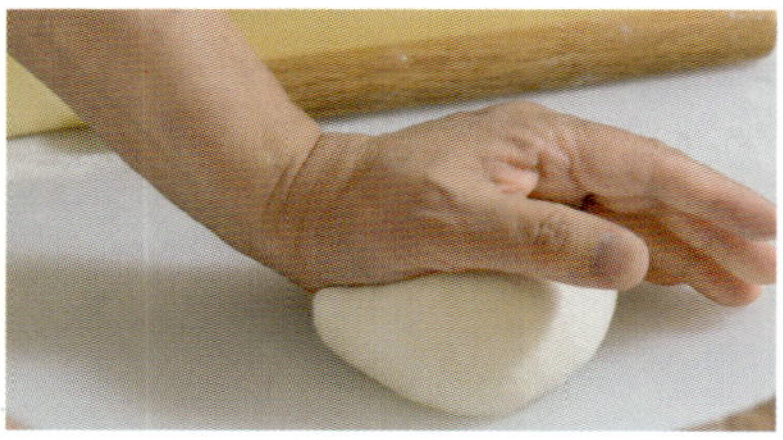

外側の生地を下（内側）に入れ込みながら、小さな円を描くように生地を転がして丸める。

生地を下（内側）に入れ込みながら丸めるのが難しい場合は、指でつまんでしっかりとじてもよい。とじた後、とじ目を下にする。

小指側にやや力をかけて生地を軽く引きながら丸め、表面を張らせる。

やさしく前後に転がして俵形にする。

俵形に成形した状態。

型に詰める（1台につき4玉）。
とじ目を下にして、両端に1玉ずつ入れてから、残り2玉を入れる。

POINT この順番に入れると片寄らないので、きれいな形に焼き上がる。

ホイロ（最終発酵）

POINT 発酵室はあらかじめ温度と湿度を設定して保温・保湿しておく。

角食 温度36～38℃・湿度75～80%の発酵室に入れ、45分発酵させる。
型の70～75%の高さまで生地を膨らませる。

山食 温度36～38℃・湿度75～80%の発酵室に入れ、50分発酵させる。
型の口から1cm下の高さまで生地を膨らませる。

焼成

POINT オーブンはあらかじめ温度を設定して保温しておく。

角食

焼成前

蓋をする。

焼成

上火195℃・下火210℃のオーブンに入れ、スチームなしで40分焼成する。

POINT オーブン庫内の温度が一定になるように、型の台数に関わらず、庫内全体を使って均等に置く。

焼成後

型底を台に一度打ちつけ、型からパンを出し、冷ます。

POINT
- 逆さに取り出す。
- 時々回転させて底になる面を替えながら冷ますと変形しにくい。
- 向きを替える時は角を持つ。

山食

焼成前

表面に気泡が出ていたらナイフの先などで突く（焼き上がりに穴があくため）。

焼成

上火180℃・下火210℃のオーブンに入れ、スチームなしで40分焼成する。

POINT オーブン庫内の温度が一定になるように、型の台数に関わらず、庫内全体を使って均等に置く。

焼成後

型底を台に一度打ちつけ、型からパンを出す。

POINT
- 横向きに取り出す。
- パンを立たせる時は底面の角を持つ。

熱いうちに表面にバター（分量外）を塗る。

基本の食パン

発酵種法　中種法

あらかじめ発酵させた種生地《たねきじ》を加えて本捏する発酵種法《はっこうだねほう》には、いくつかの製法があります。その一つ、中種法《なかだねほう》はアメリカで生まれました。生地の一部を先行して発酵させた中種（発酵種）を本捏《ほんごね》に加えて、フロアタイムをとる製法です。中種が生地の発酵を促進するので、発酵時間が短くてもボリュームが出てやわらかくなります。直捏法に比べると素材の風味は出にくくなりますが、材料や作業工程の影響を受けにくい、機械耐性がある、焼成後の老化が遅い、などの特徴があります。ただし、材料の粉の50％以上を中種発酵に使うので、そのためのスペースが必要です。こうしたことから、個人店よりも大手パンメーカーに多く採用されている製法です。

中《なか》種《だね》法

工程

●中種
ミキシング ⇐ 発酵

●本捏
ミキシング ⇐ フロアタイム（一次発酵）⇐ 分割・丸め ⇐ ベンチタイム ⇐ 成形 ⇐ ホイロ（最終発酵）⇐ 焼成

材料	ベーカーズパーセント（%）	3kg仕込みの使用量（g）
●中種		
強力粉	70%	2100g
FMP	0.3%	9g
生イースト	2%	60g
水	42%	1260g
●本捏		
強力粉	30%	900g
上白糖	6.5%	195g
食塩	1.9%	57g
粉乳	2%	60g
生イースト	0.5%	15g
バター	6%	180g
水	27%	810g
TOTAL	188.2%	

使用した型
容積約3825mℓの2斤型

比容積…………………… 4.2

※比容積、生地量についてはP11、
各数値の算出方法はP15参照

中種
材料の一部を使って作った発酵種。
詳細はP28参照。

強力粉
タンパク質……12.0%
灰分… 0.38 ～ 0.40%

材料（写真は5kg仕込み）

※仕込み水の温度についてはP9参照

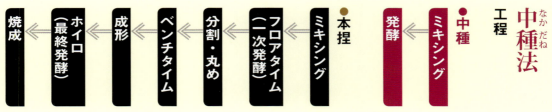

中種

中種の材料は、パン全体の材料から一部を取り分けたものですが、粉は50％以上を使うのが特徴です。基本的に、粉、イースト、水で作りますが、砂糖を多く入れるパン生地の場合は、中種に砂糖を加える加糖中種法もあります。中種は量が多い程、本捏の生地のフロアタイムが短くなります。食パンに使う中種は、最大限に発酵させながらも酸味は出したくないので、28℃で4時間程度発酵させたものがよいと思います。

◀中種の材料

強力粉…70%

生イースト…2%
全量2.5%のうち2%を中種に使う。

FMP…0.3%
全量0.3%を中種に使う。

水…42%
全量69%のうち42%を中種に使う。

※生イーストは水に溶かして使う。

イースト液の作り方

水に生イーストを入れて、1分おいてから泡立て器で混ぜて溶かす。

POINT
水に入れてすぐには溶けないので、1分おいてからかき混ぜる。

●中種

ミキシング

ミキサーボウルに強力粉とFMPを入れて混ぜ合わせる。

イースト液（生イーストを水に溶かしたもの、上記参照）を加える。

ミキサーを低速で3分まわす。

低中速に変えて1分まわす。

POINT 本捏があるので、中種のミキシングは短めでよい。

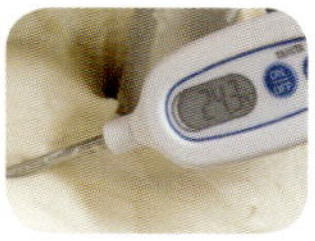

捏上温度 24℃

プラスマイナス2%の範囲ならよい。

参考

中種に砂糖を加える加糖中種の場合は、
捏上温度を1℃高くする。

発酵

発酵前

油を塗った番重に生地を入れ、温度28℃・湿度70%の発酵室に入れ、4時間発酵させる。

POINT
- 発酵室はあらかじめ温度と湿度を設定して保温・保湿しておく。
- 油の塗布にはスプレー式離型油を使うと、手早く、薄く塗れる。

中種は、低めの温度でゆっくり、最大限に発酵させるのがよい。
発酵して最大限に膨らむとその後は炭酸ガスが出なくなり、生地がしぼむ。この状態を「種落ち」と呼び、種落ちしていれば最大限に発酵したとわかる。

発酵後

POINT

充分に発酵させ、種落ちしてから
本捏の工程に入る。

●本捏

ミキシング

ミキサーボウルにバター以外の材料（バター以外の本捏の材料と中種）を入れる。

POINT
- イーストは、砂糖、塩に触れないように入れる。浸透圧により、イーストの細胞が破壊されるため。
- 水は最後に入れる。材料を水に長く浸しておくと浸透圧が変わり、イーストから水分が出るため。

ピックアップステージ（つかみどり段階）

ミキサーを低速で2分まわす。
生地がボソボソしてなじまないようなら、水を適量足す。

POINT まずは対粉1%の水を計って加え、ミキサーをまわして状態をみるとよい。生地はある程度弾力のある状態がよいので、水を加え過ぎないように注意する。

クリーンアップステージ（水切れ段階）

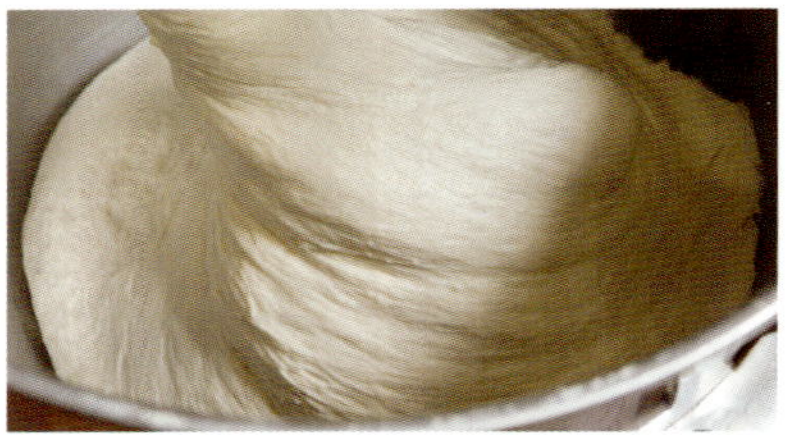

低中速に変えて2分まわす。
水が充分に入り込んだ状態（水切れ段階）を確認する。

POINT
- 遊離水がなくなる。
- ボウルにも手にも生地がくっつかなくなる。

ミキサーを止め、バターを加える。

POINT バターは混ざりやすいように、常温（ポマード状）にしておく。

ディベロップメントステージ（結合段階）

再びミキサーを低速で2分まわし、バターが混ざったら、低中速に変えて2分まわす。

生地がつながった（結合した）ところで生地温度を確認し、最終段階のミキシングの長さを調整する。

POINT 最終段階のミキシングによる温度上昇は、中高速1分で1〜2℃が目安。

ファイナルステージ（最終段階）

捏上温度 28℃

プラスマイナス2%の範囲ならよい。

中高速に変えて1分まわす。
生地のつや、薄く伸びる状態、捏上温度を確認する。

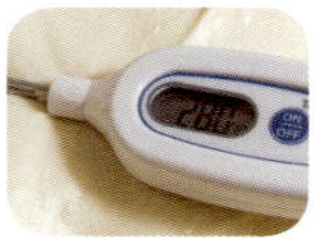

生地の一部を取り出してのばすテスト。向こうが透けて見えるくらい薄く伸びる状態がよい。

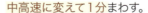

フロアタイム（1次発酵）

発酵前

発酵後

POINT 中種の効果で発酵が促進されるので、以降の工程では時間が後ろにずれないように注意する。少し前倒し気味に進めるほうがよい。

油を塗った番重に生地を入れ、温度28℃・湿度70%の発酵室に入れ、20分発酵させる。

POINT
- 発酵室はあらかじめ温度と湿度を設定して保温・保湿しておく。
- 油の塗布にはスプレー式離型油を使うと、手早く、薄く塗れる。

分割・丸め

発酵室から出した生地の表面に粉（強力粉）をふり、台にも粉をふる。台の上に番重を逆さにして生地を取り出す。

生地を分割する。※1台4玉詰 分割重量の算出についてはP16参照

角食は230g→3825mℓ（型の容積）÷4.2（比容積）÷4（玉数）

山食は240g→角食の分割重量＋10g

POINT
- 山食は型の口以上に高くするため、型に蓋をして焼く角食よりも1玉を大きくする。1玉につきプラス10gが目安。
- 生地の中のガスを抜かないように、やさしく扱う。

生地を丸める。

切り口を下側（内側）に入れながら、小さな円を描くように生地を転がして丸める。

POINT
- 生地にストレスをかけないように手数は最小限にする。
- 作業中も生地は発酵しているので、手早く行う。
- ガスを抜かないように、力加減はやさしく。

小指側へやや力をかけて、生地を外側からまわすようなイメージで軽く引いて、表面を張らせる。

POINT 生地にコシがない場合は、やや強めに締める。

ベンチタイム

番重に生地を並べて蓋をして、室温で15分休ませる。

POINT 指で押してみて、跡がつく状態がよい。指跡がつかない場合はもう少し休ませる。

ベンチタイム前

ベンチタイム後

成形

型に油を塗っておく。

POINT スプレー式離型油を使うと、手早く、薄く塗れる。
油が多いと生地が焦げるので気をつける。

角食　麺棒成形する。

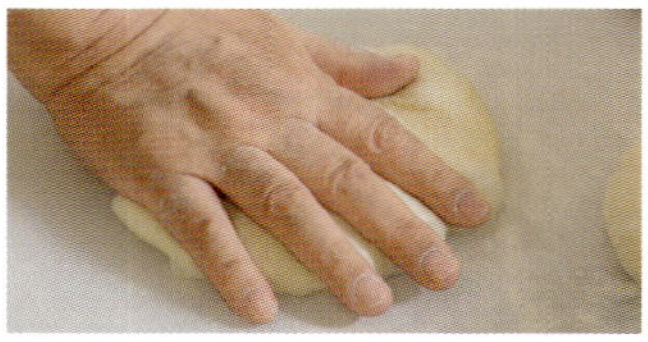
生地の底面を上にして台にのせ、ややしっかりたたいてガスを抜く。

麺棒で生地をのばす。

三つ折りにする。

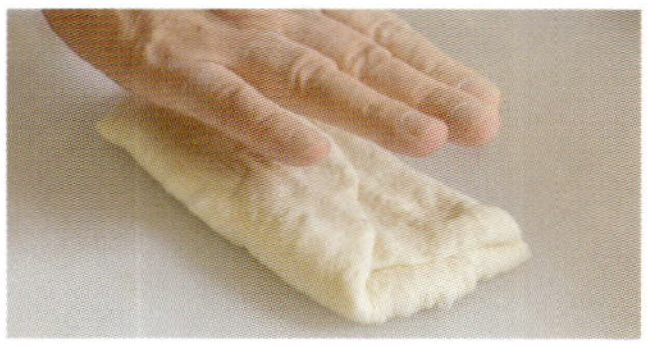
とじ目を縦におき、軽く手で叩いてから麺棒でのばす。

手前から巻く。

山食　手丸めする。

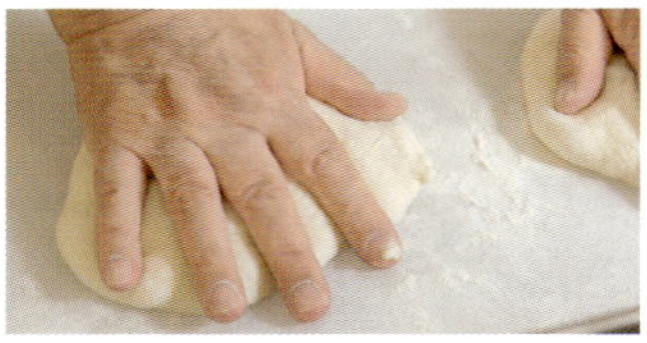
生地の底面を上にして台にのせ、ややしっかりたたいてガスを抜く。

4つに折りたたむ。

半月に折り、半分に折る。端は少しずらす。

外側の生地を下に入れ込みながら（つまんでとじてもよい）、小さな円を描くように生地を転がして丸める。

小指側にやや力をかけて生地を引き、表面を張らせる。

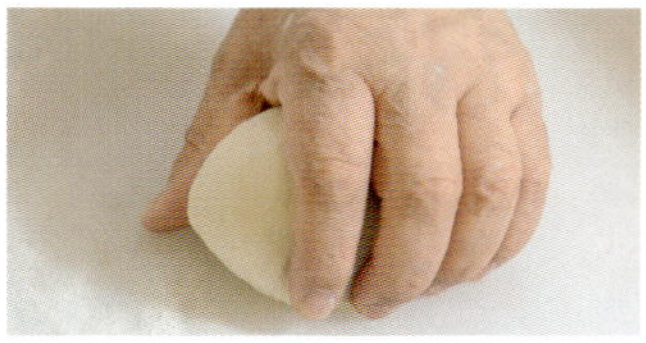
やさしく前後に転がして俵形にする。

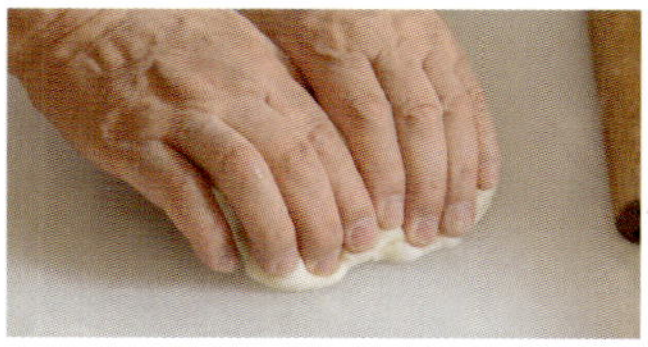

巻き終わりをしっかり押さえる。

型に詰める（1台につき4玉）。
とじ目を下にして両端に1玉ずつ入れてから、残り2玉を入れる。

POINT 均等に力がかかり、きれいな形に焼き上がる。

表面がきれいに張った状態。

型に詰める（1台につき4玉）。
とじ目を下にして両端に1玉ずつ入れてから、残り2玉を入れる。

POINT 均等に力がかかり、きれいな形に焼き上がる。

ホイロ（最終発酵）

POINT 発酵室はあらかじめ温度と湿度を設定して保温・保湿しておく。

角食 温度36～38℃・湿度75～80%の発酵室に入れ、45分発酵させる。
型の70～75%の高さまで生地を膨らませる。

ホイロ後

山食 温度36～38℃・湿度75～80%の発酵室に入れ、50分発酵させる。
型の口から1cm下の高さまで生地を膨らませる。

ホイロ後

焼成

POINT オーブンはあらかじめ温度を設定して保温しておく。

角食

焼成前

蓋をする。

焼成

上火190℃・下火210℃のオーブンに入れ、スチームなしで40分焼成する。

POINT
オーブン庫内の温度が一定になるように、型の台数に関わらず、庫内全体を使って均等に置く。

焼成後

型底を台に一度打ちつけ、型からパンを出し、冷ます。

POINT
- 逆さに取り出す。
- 時々回転させて底になる面を替えながら冷ますと変形しにくい。
- 向きを替える時は角を持つ。

山食

焼成前

表面に気泡が出ていたらナイフの先などで突く（焼き上がりに穴があくため）。

焼成

上火180℃・下火210℃のオーブンに入れ、スチームなしで40分焼成する。

POINT
オーブン庫内の温度が一定になるように、型の台数に関わらず、庫内全体を使って均等に置く。

焼成後

型底を台に一度打ちつけ、型からパンを出す。

POINT
- 横向きに取り出す。
- パンを立たせる時は底面の角を持つ。

熱いうちに表面にバター（分量外）を塗る。

基本の食パン

発酵種法　ポーリッシュ法

ポーランド生まれのためポーリッシュ法と呼ばれますが、種生地の水分が多くやわらかいので、「水種《みずだね》法」「液種《えきだね》法」の別名があります。

材料の一部から取り分けた粉、イースト、水で作った発酵種を本捏に加える方法は中種法（26ページ）と同様です。ポーリッシュ法の発酵種は、水の分量を多く（粉と同量以上を目安に）して長時間発酵させるポーリッシュ種《だね》です。本捏の生地の発酵が促進されるだけでなく、ポーリッシュ種の乳酸発酵によって旨味が増し、生地がしっとりします。そのため、小麦の旨味を強調したい場合や米粉など材料に旨味が少ない場合、胚芽などパサつきやすい材料を使う場合などに採用すると効果があります。

ポーリッシュ法

工程

●ポーリッシュ種

仕込み → 発酵 → 熟成

●本捏

ミキシング → フロアタイム（一次発酵）→ 分割・丸め → ベンチタイム → 成形 → ホイロ（最終発酵）→ 焼成

材料	ベーカーズパーセント（%）	3kg仕込みの使用量（g）
●ポーリッシュ種		
強力粉	20%	600g
FMP	0.3%	9g
生イースト	0.5%	15g
水	25%	750g
●本捏		
強力粉	80%	2400g
上白糖	3%	90g
食塩	1.8%	54g
粉乳	2%	60g
生イースト	2.5%	75g
バター	4%	120g
ショートニング	2%	60g
水	47%	1410g
TOTAL	188.1%	

使用した型

容積約3825mℓの2斤型

比容積……………………… 4.0

※比容積、生地量についてはP11、各数値の算出方法はP15参照

強力粉

タンパク質……12.0%

灰分… 0.38～0.40%

◀ポーリッシュ種の材料

強力粉…20%

生イースト…0.5%

全量3%のうち0.5%をポーリッシュ種に使う。

FMP…0.3%

全量0.3%をポーリッシュ種に使う。

水…25%

全量72%のうち25%をポーリッシュ種に使う。

ポーリッシュ種

ポーリッシュ種の材料は、パン全体の材料から一部を取り分けますが、基本的に水は粉と同量以上にします。分量や発酵時間には様々な考え方がありますが、水は多めのほうがダマができにくく発酵も早くなります。本書では、室温に2時間おいて最大限に発酵させた後、冷蔵庫で14時間から16時間低温熟成させる方法をとっています。乳酸発酵を促してアミノ酸などの旨味成分を増し、小麦の風味を引き出すためです。熟成させると酸味が出ますから、味見をしてください。また、旨味成分が多いと焼き色が早くつくので注意しましょう。

ポーリッシュ種の材料はP35

※生イーストは水に溶かして使う。

イースト液の作り方

水に生イーストを入れて、1分おいてから泡立て器で混ぜて溶かす。

POINT

水に入れてすぐには溶けないので、1分おいてからかき混ぜる。

●ポーリッシュ種

仕込み

ボウルに強力粉とFMPを入れて軽く混ぜ、イースト液（生イーストを水に溶かしたもの、上記参照）を加える。

手でよく混ぜる。

捏上温度 25℃

プラスマイナス2%の範囲ならよい。

発酵

室温に2時間おいて発酵させる。

（左）発酵前
（右）2時間発酵後

POINT

よく発酵させる。不充分なら、もうしばらくおいて発酵させる。

熟成

乾燥しないようにラップなどをかけて冷蔵庫で一晩（14～16時間）熟成させる。

POINT

味見をして酸味の具合を確かめる。（味見は生地の一部をとって口に含み、味を確かめたら吐き出す。）

一晩経った状態。
種落ちしている。

●本捏

参考 基本の食パン「中種法」●本捏 →P30

ミキシング

ミキサーボウルにバターとショートニング以外の材料を入れる。

ピックアップステージ	低速2分
クリーンアップステージ	低中速3分 ⬇バターとショートニングを投入
ディベロップメントステージ	低速2分 低中速4分
ファイナルステージ	中高速3分 捏上温度 27℃

ポーリッシュ種も入れる

POINT イーストは、砂糖、塩に触れないように入れる。

POINT 水分が粉に入りきったところ（水切れ段階）でバターとショートニングを加える。

POINT 生地温度を確認しながら進める。

フロアタイム（1次発酵）

50分

温度28℃・湿度70%

フロアタイム後

分割・丸め

分割重量…240g

※3825mℓ（型）÷4.0（比容積）÷4（玉）

POINT ガスを抜かないように、やさしく丸める。

ベンチタイム

20分

ベンチタイム後

成形

手丸め

型1台につき4玉を入れる

ガスを軽く抜き、生地を4つに折りたたみ（①②）、とじ目を下に入れながら丸め、表面を張らせて俵形にする（③）。

両端に1玉ずつ入れてから残りを入れる。

POINT 力をかけると生地の目が詰まりクラストが厚くなるので、やさしく行う。

ホイロ（最終発酵）

45～55分

温度36℃・湿度75～80%

ホイロ後

POINT 型の口から1cm下の高さまで生地を発酵させる。

焼成

上火180℃・下火210℃

42分（スチームあり）

焼成

スチームを入れる。（スチーム機能がない場合は霧吹きする。）

焼成後

型から出し、表面にバター（分量外）を塗る。

基本の食パン
湯種法

本捏に湯種《ゆだね》と呼ばれる種生地を加える製法ですが、種生地にイーストを入れず予備発酵を目的としないところが発酵種法と異なります。湯種は、小麦のでんぷんをα化《アルファか》（糊化《こか》）させて甘味を引き出し、もちもち感を出したものです。グルテンは弱まりますので、本捏で時間をかけてグルテンを作ります。生地がデリケートなので、モルダー（成形機）など機械には向きません。湯種法は、日本で開発されました。日本人好みの、しっとり、もっちりした食感と甘味のあるパン生地を実現する製法と言えるでしょう。

湯《ゆ》種《だね》法

工程

●湯種
仕込み ⇐ 熟成

●本捏
ミキシング ⇐ フロアタイム（一次発酵） ⇐ 分割・丸め ⇐ ベンチタイム ⇐ 成形 ⇐ ホイロ（最終発酵） ⇐ 焼成

材料	ベーカーズパーセント（%）	3kg仕込みの使用量（g）
●湯種		
強力粉	20%	600g
上白糖	2%	60g
食塩	2%	60g
水	40%	1200g
●本捏		
強力粉	80%	2400g
上白糖	4%	120g
粉乳	2%	60g
FMP	0.3%	9g
生イースト	2.5%	75g
バター	4%	120g
ショートニング	2%	60g
水	42%	1260g
TOTAL	200.8%	

使用した型
容積約3825mℓの2斤型

比容積……………………… 3.6

※比容積、生地量についてはP11、各数値の算出方法はP15参照

材料（写真は5kg仕込み）

※仕込み水の温度についてはP9参照

湯種
材料の一部を使って作る。詳細はP40参照。

強力粉
タンパク質……12.0%
灰分… 0.38 ～ 0.40%

水
0°C以下にする。湯種を入れる生地は、少し時間をかけてミキシングするが、捏上温度は低めがよいため、冷たい水で材料全体の温度を下げる。

材料の主なお問合せ先→P202

湯種

湯種の材料は、パン全体の材料から一部を取り分けますが、小麦粉と水が基本でイーストは入れません。砂糖と塩は入れなくてもかまいませんが、一晩以上おくので入れるほうが傷みにくくなります。湯種は2、3日冷蔵保存できます。小麦のでんぷんが水と熱の作用でα化すると生地に粘りが出ます。本捏時に水分量が足りないと感じるかもしれませんが、パン全体の吸水が82%と直捏法や中種法に比べて多く、これ以上増やすと窯伸びが悪くなります。湯種は作ってすぐに使うとケービング（腰折れ）の原因になるので、一晩以上ねかせてから本捏します。

◀湯種の材料

強力粉…20%

上白糖…2%
全量6%のうち2%を湯種に使う。

食塩…2%
全量2%を湯種に使う。

水…40%
全量82%のうち40%を湯種に使う。

POINT 仕込み量が少ないと加熱時に温度が充分に上がる前に焦げやすくなるので、粉1kg以上で仕込み、そこから必要量を取り出して使うとよい。（粉1kgで仕込んだ湯種量＝食パン5kg仕込みの湯種量）

●湯種

仕込み

ミキサーボウルに水とミキサーのフックを入れて沸かし、強力粉、砂糖、塩を加える。

POINT
フックも温めて、ミキシング時に温度が下がらないようにする。

ミキサーを加熱しながらミキシングする。はじめは低速でまわし、材料がなじんだら低中速に変えて、粘りが出て生地温度が75～90℃になるまでまわす。

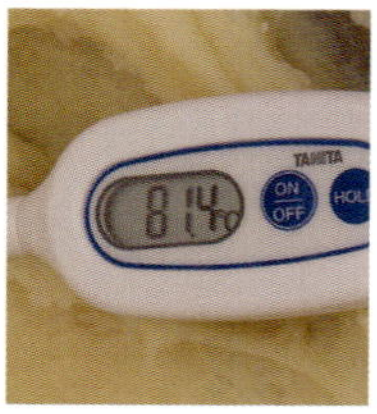

POINT
●かためにに感じても水を足さない。
●必ず温度を確かめる。

熟成

乾燥しないようにビニールなどで包み、冷蔵庫で一晩（16時間）以上ねかせる。

生地を移す際は熱くなっているので気をつける。

●本捏

ミキシング

ミキサーボウルにバターとショートニング以外の材料（バターとショートニング以外の本捏の材料と湯種）を入れる。

POINT ●ミキシングに時間をかけるので、材料の温度を低く（水は0℃以下に）しておく。
●イーストは、砂糖に触れないように入れる。浸透圧により、イーストの細胞が破壊されるため。
●水は最後に入れる。材料を水に長く浸しておくと浸透圧が変わり、イーストから水分が出るため。

ピックアップステージ（つかみどり段階）

ミキサーを低速で5分まわす。

POINT ●湯種が混ざりにくいので、最初は少しまわしては止め、少しまわしては止めるのをくり返して、全体がなじんだら継続してミキサーをまわすとよい。
●水は全量で82%と多いため、足さない。

クリーンアップステージ（水切れ段階）

低中速に変えて2分まわす。
水が充分に入り込んだ状態（水切れ段階）を確認する。

POINT ●遊離水がなくなる。
●ボウルにも手にも生地がくっつかなくなる。

ミキサーを止め、バターとショートニングを加える。

POINT バターとショートニングは混ざりやすいように、常温（ポマード状）にしておく。

ディベロップメントステージ（結合段階）

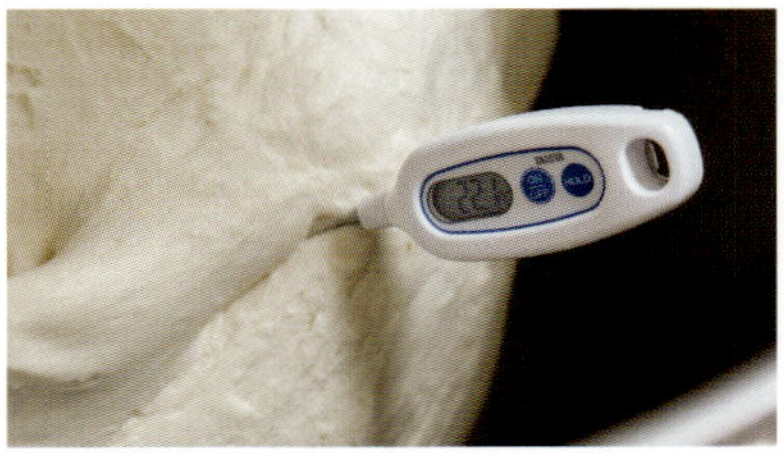

再びミキサーを低速で3分まわし、バターとショートニングが混ざったら、低中速に変えて13～14分まわす。

POINT 湯種はグルテンが傷んでいるので、本捏で低めの温度から時間をかけてミキシングし、グルテンを作る。

途中で生地温度を確認し、最終段階のミキシングの長さを調整する。

POINT ミキシングによる温度上昇は、中高速1分で1～2℃が目安。

ファイナルステージ（最終段階）

捏上温度 25℃

中高速に変えて1分まわす。
生地のつや、薄く伸びる状態、捏上温度を確認する。

プラスマイナス2%の範囲ならよい。

フロアタイム（1次発酵）

油を塗った番重に生地を入れ、乾燥しないようにラップなどで覆い、室温で40～45分発酵させる。

POINT 番重に油の塗布にはスプレー式離型油を使うと、手早く、薄く塗れる。

分割・丸め

発酵室から出した生地の表面に粉（強力粉）をふり、台にも粉をふって番重を逆さにして生地を取り出す。

生地を分割する。※1台5玉詰　分割重量の算出についてはP16参照

角食は210g→3825mℓ（型の容積）÷3.6（比容積）÷5（玉数）

山食は220g→角食の分割重量＋10g

POINT
- 山食は角食よりも1玉を大きくする。1玉につきプラス10gが目安。
- 生地の水分量が多いため、1台5玉にして生地を支える柱を増やす。

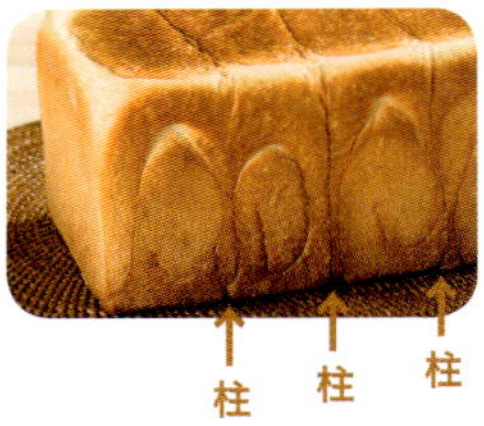

生地を丸める。

切り口を下側（内側）に入れながら、小さな円を描くように生地を転がして丸め、小指側へやや力をかけて生地を外側からまわすようなイメージで軽く引き、表面を張らせる。

POINT
- 生地にストレスをかけないように手数は最小限にする。
- 作業中も生地は発酵しているので、手早く行う。
- 生地がかたいからといって、力をかけ過ぎないように気をつける。

ベンチタイム

番重に生地を並べて蓋をして、室温で15分休ませる。

成形

型に油を塗っておく。　**POINT**　スプレー式離型油を使うと手早く薄く塗れる。油が多いと生地が焦げるので気をつける。

角食　麺棒成形する。

生地の底面を上にして台にのせ、ややしっかりたたいてガスを抜き、麺棒でのばす。

三つ折りにする。

とじ目を縦におき、軽く手で叩いてから麺棒でのばす。

手前から巻く。

山食　手丸めする。

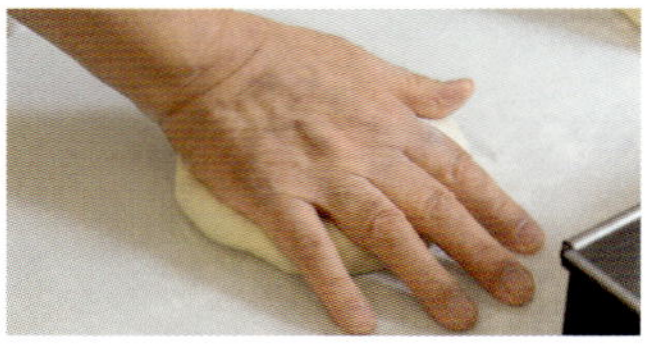

生地の底面を上にして台にのせ、ややしっかりたたいてガスを抜く。

4つに折りたたむ。

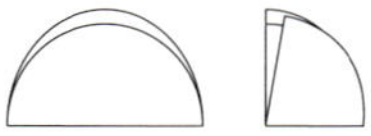

半月に折り、半分に折る。端は少しずらす。

外側の生地を下に入れ込みながら（つまんでとじてもよい）、小さな円を描くように生地を転がして丸める。

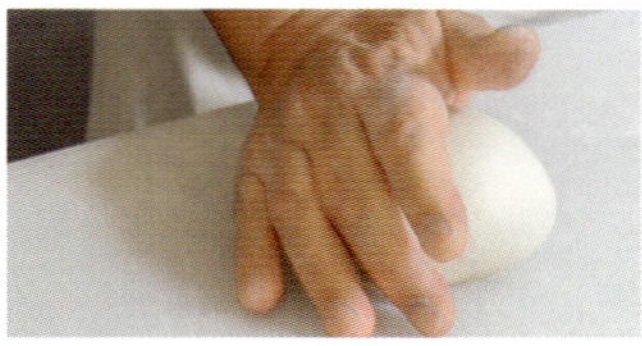

小指側にやや力をかけて生地を引き、表面を張らせる。

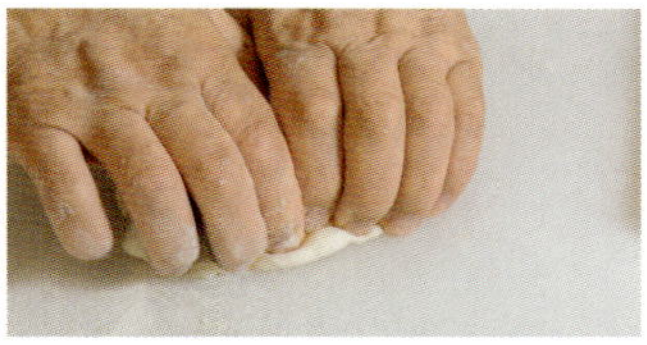

巻き終わりをしっかり押さえる。

型に詰める（1台につき5玉）。
とじ目を下にして両端から詰めていき、中央は最後に入れる。

POINT 均等に力がかかり、きれいな形に焼き上がる。

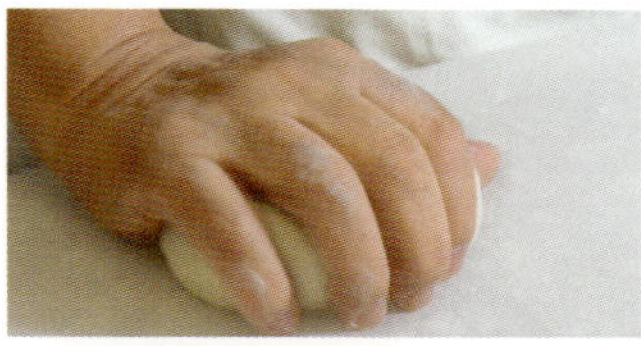

やさしく前後に転がして俵形にする。

型に詰める（1台につき5玉）。
とじ目を下にして両端から詰めていき、中央は最後に入れる。

POINT 均等に力がかかり、きれいな形に焼き上がる。

ホイロ（最終発酵）

POINT 発酵室はあらかじめ温度と湿度を設定して保温・保湿しておく。

角食 温度36℃・湿度75～80%の発酵室に入れ、50分発酵させる。
型の70～75%の高さまで生地を膨らませる。

ホイロ後

山食 温度36℃・湿度75～80%の発酵室に入れ、60分発酵させる。
型の口から1cm下の高さまで生地を膨らませる。

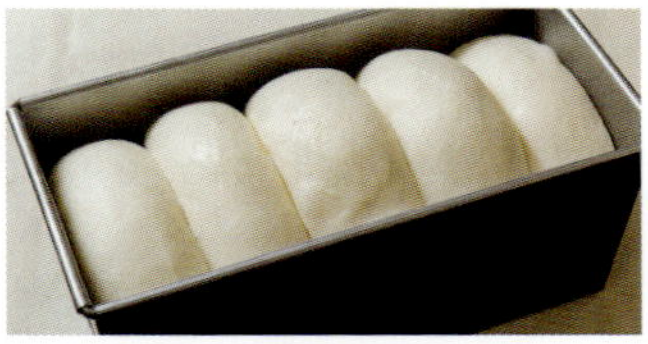

ホイロ後

焼成

POINT オーブンはあらかじめ温度を設定して保温しておく。

角食

焼成前

蓋をする。

焼成

上火195℃・下火210℃のオーブンに入れ、スチームなしで42分焼成する。

POINT
オーブン庫内の温度が一定になるように、型の台数に関わらず、庫内全体を使って均等に置く。

焼成後

型底を台に一度打ちつけ、型からパンを出し、冷ます。

POINT
●逆さに取り出す。
●時々回転させて底になる面を替えながら冷ますと変形しにくい。
●向きを替える時は角を持つ。

山食

焼成前

表面に気泡が出ていたらナイフの先などで突く（焼き上がりに穴があくため）。

焼成

上火180℃・下火210℃のオーブンに入れ、スチームなしで42分焼成する。

POINT
オーブン庫内の温度が一定になるように、型の台数に関わらず、庫内全体を使って均等に置く。

焼成後

型底を台に一度打ちつけ、型からパンを出す。

POINT
●横向きに取り出す。
●パンを立たせる時は底面の角を持つ。

熱いうちに表面にバター（分量外）を塗る。

直捏法

リッチに焼き上げる「ホテルブレッド」

直捏法

ホテルブレッド

卵と砂糖を多めに配合したリッチなパン生地を、食パンの型でふんわりと焼き上げました。ほんのり甘味を感じるソフトな生地は、老若男女を問わず食べやすく、特に女性や子どもに人気があります。

山食　直捏法

リッチに焼き上げる「ホテルブレッド」

伸展性が高い生地なので、発酵は少し短めにします。フロアタイムは50分、ホイロは型の70％くらいがよいでしょう。発酵させ過ぎるとケービングの原因になりますから、注意してください。

また、卵と砂糖を多めに配合している生地は、焼き色がつきやすくなります。表面が焦げ色にならないように、様子を見ながら焼成しましょう。

使用した型
容積約3700mℓの2斤型

比容積…………………… 4.6

※比容積、生地量についてはP11、各数値の算出方法はP15参照

材料	ベーカーズパーセント（%）	3kg仕込みの使用量（g）
強力粉	100%	3000g
上白糖	18%	540g
食塩	1.7%	51g
粉乳	2%	60g
乳化剤	0.1%	3g
FMP	0.3%	9g
生イースト	3%	90g
マーガリン	8%	240g
全卵	8%	240g
水	60%	1800g
クチナシ	0.005%	0.15g
TOTAL	201.105%	

乳化剤
生地をふっくらとさせるとともに、冷めてもかたくなるのを防いで長時間やわらかさを保つ。
エマルジーMM-100（理研ビタミン）を使用。

強力粉
タンパク質……12.0%
灰分… 0.38～0.40%

クチナシ
クチナシの実の粉末。卵の色の補助的な着色剤として使用。

材料

参考 基本の食パン「直捏法」→P18

ミキシング

ミキサーボウルにマーガリン以外の材料を入れる。

ピックアップステージ	低速2分
クリーンアップステージ	低中速3分 ⬇マーガリンを投入
ディベロップメントステージ	低速2分 低中速4分
ファイナルステージ	中高速3分

捏上温度 27℃

POINT イーストは、砂糖、塩に触れないように入れる。

POINT 水分が粉に入りきったところ（水切れ段階）でマーガリンを加える。

POINT 生地温度を確認しながら進める。

フロアタイム（1次発酵）

50分

温度28℃・湿度70%

フロアタイム後

分割・丸め

分割重量…200g

※3700mℓ（型）÷4.6（比容積）÷4（玉）

POINT

ガスを抜かないように、やさしく丸める。

ベンチタイム

20分

ベンチタイム後

成形

手丸め

型1台につき4玉を入れる

ガスを軽く抜き、生地を4つに折りたたみ（①②）、とじ目を下に入れながら丸め、表面を張らせて俵形にする（③）。

両端に1玉ずつ入れてから残りを入れる。

POINT 力をかけると生地の目が詰まりクラストが厚くなるので、やさしく行う。

ホイロ（最終発酵）

40～45分

温度36℃・湿度75～80%

ホイロ後

POINT

よく伸びる生地なので、発酵させ過ぎると腰折れしやすくなる。発酵は短めに、型の70%程度でよい。

焼成

上火175℃・下火190℃

35分（スチームなし）

焼成前

中央にハサミで切り込みを入れ、バター（分量外、1台につき約10g）を絞る。

焼成後

型から出し、表面にバター（分量外）を塗る。

発酵種法

中種法

独自製法による「天然酵母食パン」

中種法　独自製法による「天然酵母食パン」

天然酵母パンの魅力は、数種類の酵母が織りなす芳香と、酵母が棲んでいた果実や穀物のフレーバーによる自然の豊かな風味が味わえること。しかし、酵母菌の種作りや管理、手間がかかるなどのことから天然酵母パンは難しいと思われがちです。そこで、長年の私（中川）自身の研究による独自の製法（特許取得）によって手間と時間を軽減し、失敗も少なく作れるようにしました。しかも、日本人の好みに合うソフトな食感と、酸味をほとんど感じない風味なので、食パンにも適しています。

独自製法による「天然酵母食パン」

天然酵母には複数の酵母が混在しており、製パンに必要な形づくりと膨らみのためにはサッカロミセス・セレビシエという酵母が中心になります。レーズンやリンゴの表皮、麦の穂に多く付着しており、発酵時に旨味成分を生成する乳酸菌と共存できる酵母です。これを培養増殖させてパンの発酵に利用するのが、天然酵母発酵法です。酵母を小麦粉と混捏《こんねつ》して増殖させる方法（ルヴァン種起こし）が一般的ですが、イーストに比べて菌体数が少ない天然酵母は長時間発酵させなければ充分に増えず、酸味が出る傾向にあります。そこで酵母の発酵に必要な糖を小麦粉より糖度の高いフルーツジュースに替えて短時間に培養増殖させた天然酵母元種を作り、この元種にFMPを加えて酵母を活性化させた中種（発酵種）を作る製法を開発しました。

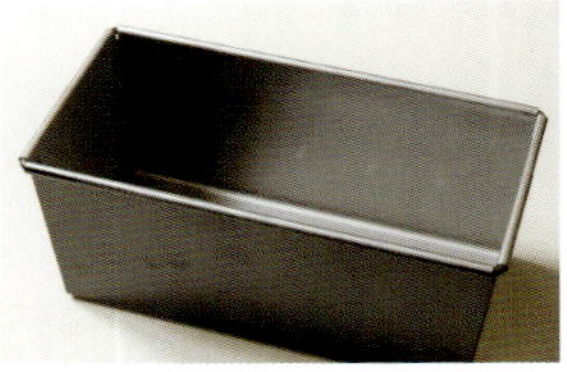

使用した型
容積約3825mℓの2斤型

比容積……………… 3.6

※比容積、生地量についてはP11、各数値の算出方法はP15参照

材料	ベーカーズパーセント（%）	3kg仕込みの使用量（g）
●天然酵母の中種		
強力粉	70%	2100g
FMP	0.3%	9g
天然酵母元種	5%	150g
水	35%	1050g
●本捏		
強力粉	30%	900g
上白糖	5%	150g
食塩	1.8%	54g
粉乳	2%	60g
モルトパウダー	0.2%	6g
バター	4%	120g
ショートニング	2%	60g
天然酵母元種	20%	600g
水	3～5%	90～150g

TOTAL　178.3～180.3%

天然酵母の中種
材料の一部を使って作った天然酵母の発酵種。詳細はP51参照。

強力粉
タンパク質……12.0%
灰分… 0.38～0.40%

天然酵母元種
天然酵母種、天然酵母用ミックスジュース、水を混ぜ合わせて酵母を培養したもの。詳細はP51参照。

モルトパウダー
麦芽の粉末。麦芽糖が酵母の発酵を促進する。パンの色付きもよくなる。

材料（水を除く）

材料の主なお問合せ先→P202

独自の天然酵母パン製法と天然酵母元種について

本書でご紹介する天然酵母パンの製法は、製法特許取得の独自の製法です。ブドウとリンゴのミックスジュースにサッカロミセス・セレビシエを植えつけて培養増殖させた「天然酵母元種」を作り、これを小麦粉と混捏して中種を作ります。中種を作る際、独自に開発したFMPという酵素（P9参照）を加えて発酵力を高めます。一般的な天然酵母パンの製法に比べると、元種が短時間に簡単に作れること、FMPの効果で酵母のパワーが保たれて生地がかたくならない、失敗が少ない、などの特徴があります。

本書で「天然酵母元種」と呼んでいるものは、天然酵母種（天然素材から種起こしした酵母菌）をジュースで培養増殖したものです（作り方は右記参照）。酵母種はレーズンから起こした自家製、ジュースは白ブドウジュースとリンゴジュースを同割にした100％果汁です。個人で作ると高価になるため、企業に依頼して作った濃縮還元タイプの天然酵母専用のミックスジュースを希釈して使っています。

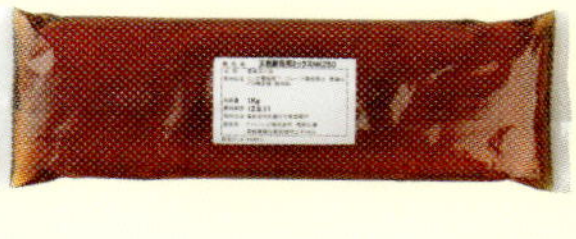

天然酵母用ミックスジュース

白ブドウとリンゴの果汁100％
濃縮還元タイプ
糖度　50度（5倍希釈で11度）

問合せ先：㈲**JBT・サービス**（→P202）　http://www.jbtservice.jp/

詳しくは、中川一巳著／旭屋出版刊『製法特許　天然酵母パンの最新技術』をご覧ください。

天然酵母元種の作り方と継ぎ足し方

〔材料〕

天然酵母種＊500g、天然酵母用ミックスジュース（5倍希釈したもの）＊＊1000g
※天然酵母種1に対し、5倍希釈した天然酵母用ミックスジュース2の割合。

＊天然酵母種
モハベレーズン500g、水1000g、上白糖30gを保存ビン（梅酒用の蓋付き広口ビンがよい）に入れ、25℃で保管する。3～4日して泡が出てきたら1日1回かき混ぜる。1週間後、さらし木綿で漉して絞る。

＊＊天然酵母用ミックスジュース
5倍希釈は、天然酵母用ミックスジュース1に対して水4の割合。注）以下「天然酵母用ミックスジュース」とあるものは5倍希釈したものをさします。

〔作り方〕

1 天然酵母種に天然酵母用ミックスジュースを加えてよく混ぜる。ポリタンクに入れる。
2 25℃で24時間（または20℃で48時間）培養する。
3 天然酵母用ミックスジュースを2倍量（3kg）加えて混ぜ、再び25℃で24時間（または20℃で48時間）培養する。pH3.8になれば使用可能。
4 1日に2～3回、ポリタンクをゆすって中身を撹拌し、蓋をはずしてガス抜きをする。

〔継ぎ足し方〕

- 使用後に残った元種は、2倍量の天然酵母用ミックスジュースを加えて25℃で24時間（または20℃で48時間）培養し、pH3.8になれば使用可能。
- しばらく使用しない場合は、4～8℃で6か月保存できる。再び使用する際は常温に戻し、元種1に対し天然酵母用ミックスジュースを2倍量加えて上記作り方2から再開する。

〔ご注意〕

- ガス抜きを忘れると容器が破裂することがあります。
- 温度管理をきちんとし、雑菌が混入しないように気をつけてください。
- ポリタンクは劣化しますので、時々新しいものに取り替えてください。

●天然酵母の中種

参考 基本の食パン「中種法」●中種 →P28

酵母は、生イーストではなく天然酵母元種を使う。

◀天然酵母の中種の材料

強力粉…**70％**
天然酵母元種…（全量25％のうち）**5％**
FMP…（全量）**0.3％**
水…（全量38～40％のうち）**35％**

ミキシング

ミキサーボウルに材料を入れる
低速3分
低中速1分
捏上温度 25℃

強力粉とFMPを混ぜ、天然酵母元種と水を加える。

ミキサーを低速で3分、低中速で1分まわし、生地温度を確認する。

POINT
本捏があるので、捏ね過ぎない。

発酵

25～27℃の室内または発酵室に
一晩（16時間）おく

油を塗った番重に生地を入れ、乾燥防止のためにラップなどで覆う。

一晩経って発酵した天然酵母の中種

●本捏

ミキシング

ミキサーボウルにバターとショートニング、水以外の材料を入れる。

ピックアップステージ	低速2分
クリーンアップステージ	低中速1分 ⬇バターとショートニングを投入
ディベロップメントステージ	低速2分 低中速2分
ファイナルステージ	中高速1～2分

捏上温度 28℃

天然酵母の中種も入れる

POINT 水はミキシングの途中で加える。天然酵母元種の水分があるので、生地の状態を見て加え、分量も加減する。

POINT 水分が粉に入りきったところ（水切れ段階）でバターとショートニングを加える。

POINT 生地温度を確認しながら進める。

フロアタイム（1次発酵）

120分　温度28℃・湿度70%

パンチ　ガス抜き（三つ折り2回）

30分　温度28℃・湿度70%

POINT 生地が弱いのでパンチを入れてコシをつける。

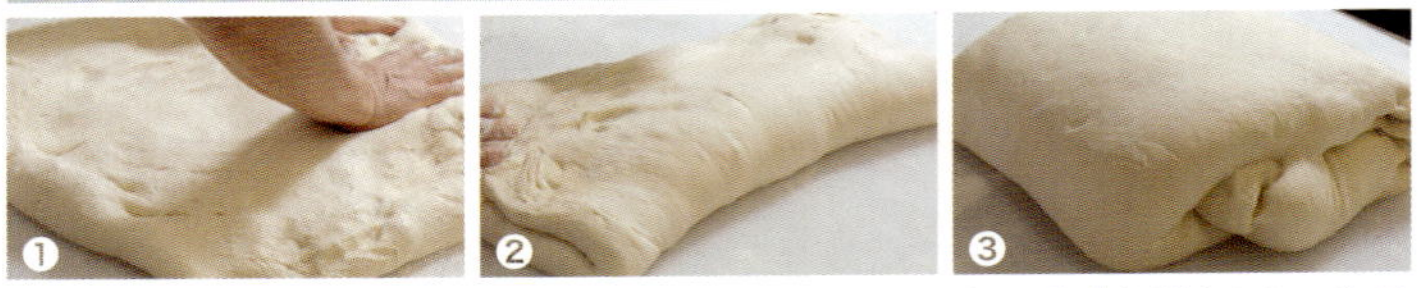

120分経ったところでパンチをする。打ち粉をした台の上に番重を逆さにして生地を取り出し、押し広げてガスを抜く（①）。生地を左右から三つ折りし（②）、さらに前後から三つ折りして（③）番重に入れ、発酵室に戻す。

分割・丸め

分割重量…265g

※3825mℓ（型）÷3.6（比容積）÷4（玉）

POINT ガスを抜かないように、やさしく丸める。

ベンチタイム

20分

成形

麺棒成形

型1台につき4玉を入れる

ガスを抜き、麺棒でだ円にのばし、三つ折りにしたら（①）90度回転させて麺棒で平らにし（②）、手前から巻く（③）。

両端に1玉ずつ入れてから残りを入れる。

POINT 力をかけると生地の目が詰まりクラストが厚くなるので、やさしく行う。

ホイロ（最終発酵）

80～90分

温度38℃・湿度75～80%

ホイロ後

POINT 型の70～75%の高さまで生地を発酵させる。

焼成

上火195℃・下火210℃

40分（スチームなし）

焼成前

蓋をする。

焼成後

型から出す。

発酵種法

ポーリッシュ法

生地を強くして歯ごたえを出した「ハードトースト食パン」

パリッと薄く焼き上がってひび割れたクラスト、ほどよい弾力を感じるクラムが魅力のハードトーストは、フランスパンと食パンの中間のような生地。グルテン強化粉を加えて伸びをよくし、ポーリッシュ法で小麦の旨味を引き出しました。

山食

ポーリッシュ法

生地を強くして歯ごたえを出した「ハードトースト食パン」

砂糖が少ない配合の生地は伸びが悪いので、グルテン強化粉を配合し、フロアタイムではパンチをして生地にコシをつけ、伸びる力を強くします。こうすることで、ほどよい弾力のあるクラムになり、クラストは薄くパリッと焼き上がります。窯から出すと温度差でクラストがはじけて表面に割れ目ができますが、これもハードトーストの特徴です。すぐにバターを塗らず、パチパチとはじける音がしなくなってから塗ってください。

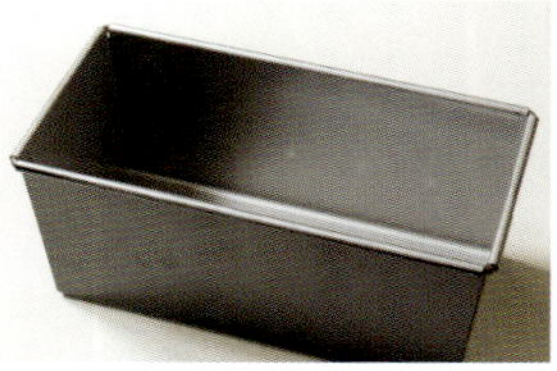

使用した型

容積約3825mℓの2斤型

比容積…………………… 4.0

※比容積、生地量についてはP11、各数値の算出方法はP15参照

材料	ベーカーズパーセント（%）	3kg仕込みの使用量（g）
●ポーリッシュ種		
強力粉	20%	600g
FMP	0.3%	9g
生イースト	0.5%	15g
水	25%	750g
●本捏		
強力粉	60%	1800g
グルテン強化粉	20%	600g
上白糖	3%	90g
食塩	1.8%	54g
粉乳	2%	60g
生イースト	2.5%	75g
バター	3%	90g
ショートニング	3%	90g
水	45%	1350g
TOTAL	186.1%	

ポーリッシュ種の材料

ポーリッシュ種

前日に仕込み、一晩（14～16時間）冷蔵する。

強力粉

タンパク質……12.0%

灰分… 0.38 ～ 0.40%

グルテン強化粉

タンパク質… 13.5%

灰分………… 0.46%

ゴールデンヨット（日本製粉）

材料

粉全体のタンパク質 12.3%

{(強力粉12.0%×ベーカーズパーセント80%)＋(グルテン強化粉13.5%×ベーカーズパーセント20%)}÷100＝12.3%

●ポーリッシュ種

参照 基本の食パン「ポーリッシュ法」●ポーリッシュ種 →P36

仕込み

材料を混ぜ合わせる 捏上温度 25℃

発酵

室温に2時間おく

POINT 最大限に発酵させる。

熟成

冷蔵庫に一晩（14～16時間）おく

POINT 熟成させ過ぎて酸っぱくならないように気をつける。

●本捏

ミキシング

ミキサーボウルにバターとショートニング以外の材料を入れる。

ピックアップステージ	低速3分
クリーンアップステージ	低中速2分
	⬇バターとショートニングを投入
ディベロップメントステージ	低速2分
	低中速3分
ファイナルステージ	中高速3分
	捏上温度 26℃

ポーリッシュ種も入れる

POINT イーストは、砂糖、塩に触れないように入れる。

POINT 水分が粉に入りきったところ（水切れ段階）でバターとショートニングを加える。

POINT 生地温度を確認しながら進める。

フロアタイム（1次発酵）

60分 温度28℃・湿度70%

パンチ ガス抜き（三つ折り2回）

30分 温度28℃・湿度70%

POINT 砂糖の量が少ない配合で生地がかたくなるため、パンチを入れてコシをつけ、伸びをよくする。

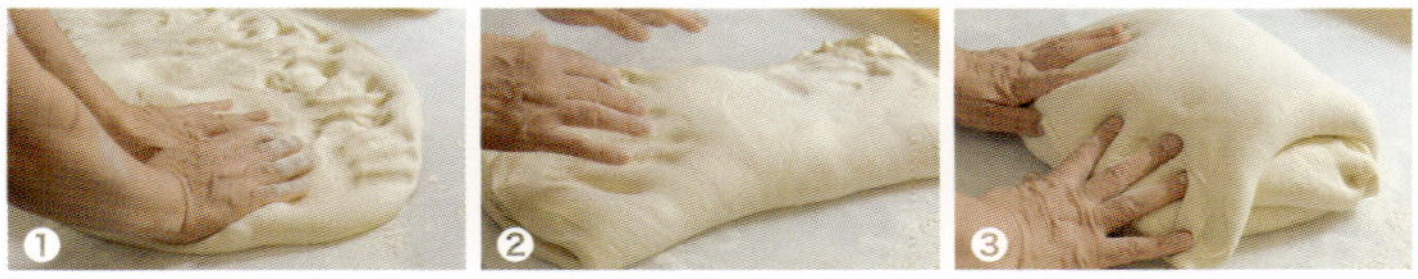

120分経ったところでパンチをする。打ち粉をした台の上に番重を逆さにして生地を取り出し、押し広げてガスを抜く（①）。生地を左右から三つ折りし（②）、さらに前後から三つ折りして（③）番重に入れ、発酵室に戻す。

分割・丸め

分割重量…240g

※3825mℓ（型）÷4.0（比容積）÷4（玉）

POINT ガスを抜かないように、やさしく丸める。

ベンチタイム

25分

成形

手丸め

型1台につき4玉を入れる

ガスを軽く抜き、生地を4つに折りたたみ（①）、とじ目を下に入れながら丸め、表面を張らせて（②）俵形にする（③）。

両端に1玉ずつ入れてから残りを入れる。

POINT 力をかけると生地の目が詰まりクラストが厚くなるので、やさしく行う。

ホイロ（最終発酵）

60分 温度35℃・湿度75～80%

POINT 型の口から1cm下の高さまで生地を発酵させる。

焼成

上火180℃・下火210℃

42分（スチームあり）

焼成

スチームを入れる。（スチーム機能がない場合は霧吹きする。）

焼成後

型から出し、表面にバター（分量外）を塗る。

POINT バターはクラストのパチパチはじける音がおさまってから塗る。

発酵種法

オートリーズ法

フランスパンの製法を取り入れた「フランス食パン」

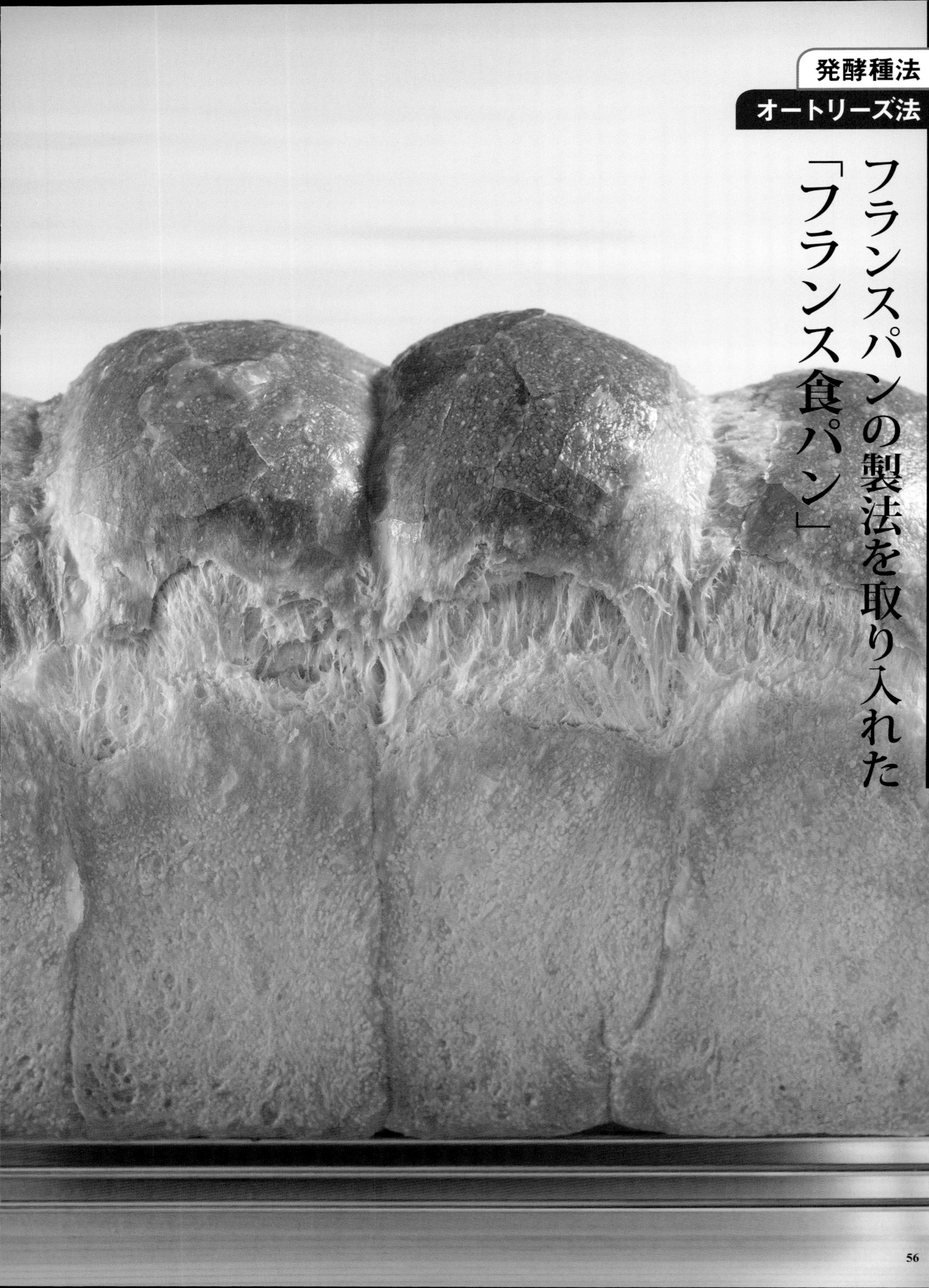

オートリーズ法

フランス食パン

直捏法（ストレート法）の改良案としてフランス国立製粉学校名誉教授レイモン・カルヴェル氏が考案したフランスパンのための製法を応用して、フランスパン生地の食パンを焼きました。材料に発酵種を加えて風味と日持ちをよくする「発酵種法」に、最初に小麦粉と水を水和させてグルテンを伸びやすくする「オートリーズ法」を組み合わせ、フロアタイムを短縮しつつ風味豊かな生地に仕上げます。写真のように手で割ると、ほどよく気泡が入って生地の目が縦に伸びているのがわかります。食パンはクラムにボリュームがあるので、この生地のおいしさを存分に味わっていただけます。

フランスパンの製法を取り入れた「フランス食パン」

小麦粉、イースト、塩、水というシンプルな材料で、イーストを最小限にして長時間発酵させるのが、おいしいフランスパンを作る基本です。しかし、フランスでは労働時間の短縮という背景からフロアタイムを短くする必要に迫られ、味が落ちた時代がありました。後に、製造時間を短縮しながら長時間発酵に劣らない品質を得るために考え出されたのが「発酵種オートリーズ法」です。ミキシングの最初に小麦粉と水を混ぜて時間をおいて水和させ、グルテンの伸展性を高めます。次にイーストと発酵種を加えて混ぜ、塩は後から加えます（後塩法）。塩はイーストの作用を抑制し、グルテンを引き締めるからです。フロアタイムでは、生地に力をつけて発酵を早めるためにパンチを2回行います。

使用した型
容積約3825mℓの2斤型

比容積 …………………… 3.6

※比容積、生地量についてはP11、各数値の算出方法はP15参照

材料	ベーカーズパーセント（%）	3kg仕込みの使用量（g）
強力粉	40%	1200g
中力粉	60%	1800g
モルトパウダー	0.2%	6g
食塩	1.8%	54g
FMP	0.3%	9g
インスタントドライイースト	0.7%	21g
水	68%	2040g
発酵種	20%	600g
TOTAL	191%	

粉全体のタンパク質　11.22%　※発酵種は含まない
{（強力粉12.0%×ベーカーズパーセント40%）＋（中力粉10.7%×ベーカーズパーセント60%）}÷100＝11.22%

発酵種
上記のパン全体の材料から発酵種を除いた材料をミキシングし、室温で90分発酵後16時間以上冷蔵したもの。詳細はP59参照。

中力粉
タンパク質……10.7%
灰分……………0.45%
リスドォル（日清製粉）

強力粉
タンパク質……12.0%
灰分……………0.38%
イーグル（日本製粉）

インスタントドライイースト
糖分3%（ベーカーズパーセント）以下の配合に適している。
サフ インスタントドライイースト[赤]を使用。

塩
材料がシンプルな場合は、にがりやミネラルの含有量が多い自然塩がよい。

モルトパウダー
麦芽の粉末。麦芽糖が酵母の発酵を促進する。パンの色付きもよくなる。

材料

●発酵種

中種のようにパン全体の材料から一部を取り分けて発酵させるのではなく、パン全体の材料とは別に発酵種を作る。
パン全体の材料のベーカーズパーセントでは、「上白糖」「食塩」などのように「発酵種」という材料を対粉20%配合すると考える。

◀発酵種の材料

パン全体の材料（P58）から発酵種を除いたものと同じで、分量の割合も同じ。強力粉1kgで作り、必要量を使うとよい（粉3kg仕込みの場合は発酵種600g）。

写真左上から時計まわりに、水、食塩、小麦粉（強力粉と中力粉）、インスタントドライイースト、FMP、モルトパウダー

ミキシング

ミキサーボウルに材料を入れる
低速3分
低中速3分
捏上温度 25℃

イーストと塩は離して入れ、最後に水を加える。

ミキサーを低速で3分、低中速で3分まわし、生地温度を確認する。

発酵・熟成

室温で90分発酵させた後、冷蔵庫に移して一晩（16時間）以上熟成させる。

乾燥防止のためにビニール袋などに入れる。

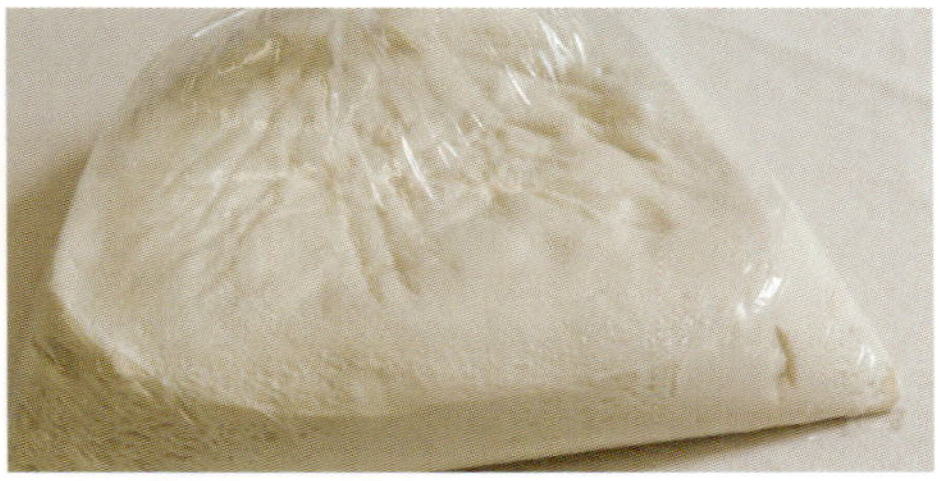

一晩以上経った発酵種

●本捏

ミキシング

ミキサーボウルに**強力粉と中力粉、水**を入れる。
ミキサーを低速で4分まわす。

室温に20分おく。
乾燥しないようにビニールなどをかけておく。

⬇イースト、モルト、FMP、発酵種を投入

ミキサーを低速で2分まわす。

⬇塩を投入

ミキサーを低速で2分、
続けて低中速で2分、
中高速で1分まわす。

捏上温度 26℃

POINT

- 小麦粉と水だけを混ぜ合わせて20分おくと、生地が水和してグルテンが伸びやすくなる。ミキシング時間も短縮できる。
- 塩以外の材料を先に混ぜ合わせることで、塩による発酵の抑制やグルテンへの影響がない。
- 同じ材料構成の発酵種を混ぜることで、味はそのままで風味を深めることができる。

フロアタイム（1次発酵）

20分　温度28℃・湿度70%

パンチ　ガス抜き（三つ折り2回）

15分　温度28℃・湿度70%

パンチ　ガス抜き（三つ折り2回）

60分　温度28℃・湿度70%

POINT パンチを早めに入れると発酵が早まるので、フロアタイムの前半にパンチを入れる。

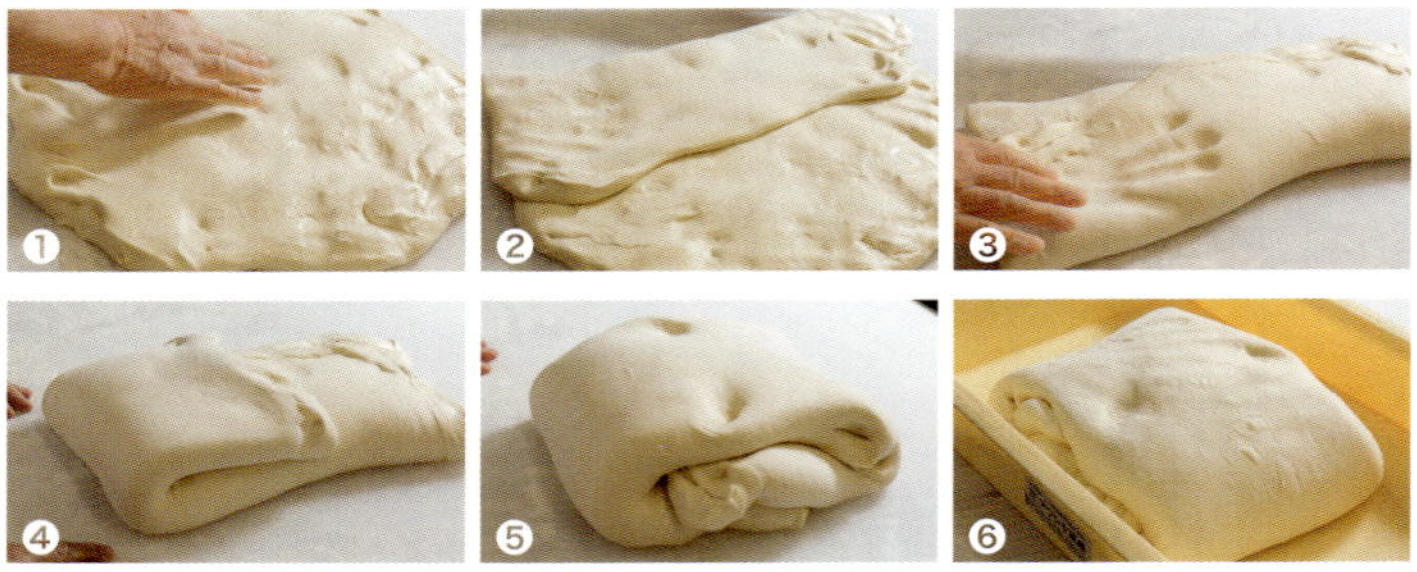

20分経ったところでパンチをする。打ち粉をした台の上に番重を逆さにして生地を取り出し、押し広げてガスを抜く（①）。生地を左右から三つ折りし（②③）、さらに前後から三つ折りして（④⑤）番重に入れ（⑥）、発酵室に戻す。

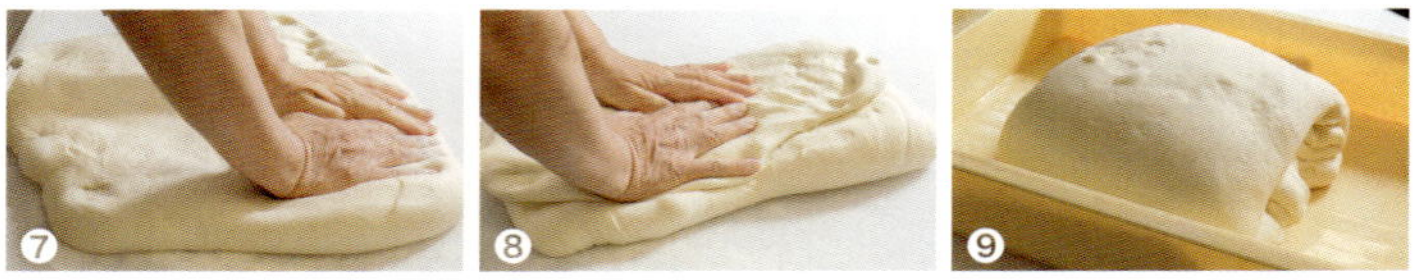

15分経ったところで2回目のパンチをする。1回目と同様に生地を取り出し、押し広げてガスを抜く（⑦）。生地を左右から三つ折りし、押してガスを抜き（⑧）、さらに前後から三つ折りして番重に入れ（⑨）、発酵室に戻す。

分割・丸め

分割重量…265g

※3825mℓ（型）÷3.6（比容積）÷4（玉）

POINT リーンなパン生地は弱いので、ガスを抜かないようにやさしく丸める。

ベンチタイム

30分

成形

手丸め

型1台につき4玉を入れる

ガスを軽く抜き（①）、生地を4つに折りたたみ、とじ目を下に入れながら丸め（②）、表面を張らせて俵形にする（③）。

両端に1玉ずつ入れてから残りを入れる。

POINT 生地が弱いので、できるだけやさしく丸め、ガスを抜かないようにする。

ホイロ（最終発酵）

60～70分

温度35～36℃・湿度70～75%

ホイロ後

POINT 型の口から1cm下の高さまで生地を発酵させる。

焼成

上火180℃・下火210℃

45分（スチームあり）

焼成

スチームを入れる。（スチーム機能がない場合は霧吹きする。）

焼成後

型から出し、表面にバター（分量外）を塗る。

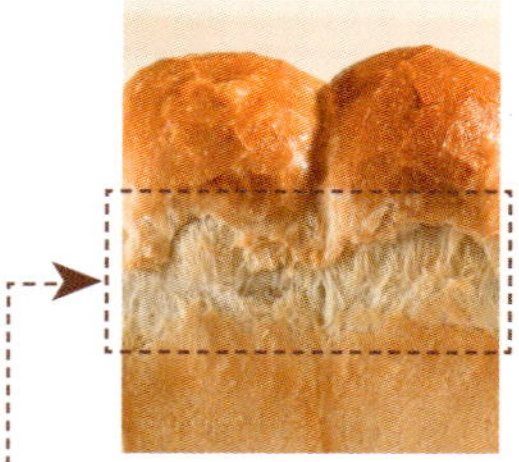

この割れ目が生地が伸びた証

直捏法

修業時代に学んだ思い出の「トースト食パン」

1970年頃に修業させていただいた神戸のベーカリーで、あまりのおいしさに感動した山食パンを再現しました。シンプルな材料でじっくり時間をかけて発酵させる製法で小麦の旨味を引き出し、油脂はバターやショートニングではなくラードを使います。ラード特有のコクと香りが小麦の旨味と相まって、どこか懐かしさを感じる豊かな味わいです。

直捏法　トースト食パン

手で裂いたパン生地が光って見えるのがおわかり頂けるでしょうか。ミキサーで混ぜるのではなく、生地にラードを手で塗って混ぜるという昔ながらの方法で仕込んだために内相膜が光って見えるのです。生地とラードが織りなす極薄の重なりが、このパン独特のおいしさを作り出しています。

山食

直捏法

修業時代に学んだ思い出の「トースト食パン」

3種類の小麦粉を混ぜ合わせ、粉全体のタンパク量が12・5％前後になるようにします。イーストが少なめの配合で、生地を完全に捏ね上げず発酵に時間をかけて膨らませる製法のため、タンパク量が多い小麦粉でパンの骨格を強め、伸びをよくします。ミキシングは水切れ段階までミキサーで行い、油脂の混ぜ込みは手で行います。生地を捏ねる時間が短いので、混ざりにくい固形の生イーストは、先に水に溶かしてから加えます。油脂はラードを使いますが、湯煎にかけて生地に塗りやすいやわらかさにします。融点が低くすぐゆるみますが、完全に溶かして液状にすると熱くて手で塗れませんから気をつけましょう。

材料	ベーカーズパーセント（%）	3kg仕込みの使用量（g）
強力粉（イーグル）	33%	990g
強力粉（カメリヤ）	33%	990g
グルテン強化粉	34%	1020g
上白糖	1%	30g
食塩	1.8%	54g
FMP	0.3%	9g
生イースト	2.5%	75g
ラード	2%	60g
水	73%	2190g
TOTAL	180.6%	

使用した型
容積約3825mℓの2斤型

比容積……………………3.8

※比容積、生地量についてはP11、各数値の算出方法はP15参照

粉全体のタンパク質　12.44%
{(強力粉12.0%×ベーカーズパーセント33%)＋(強力粉11.8%×ベーカーズパーセント33%)＋(グルテン強化粉13.5%×ベーカーズパーセント34%)}÷100≒12.44%

強力粉	強力粉	グルテン強化粉
タンパク質… 12.0%	タンパク質… 11.8%	タンパク質… 13.5%
灰分………… 0.38%	灰分………… 0.37%	灰分………… 0.46%
イーグル（日本製粉）	カメリヤ（日清製粉）	ゴールデンヨット（日本製粉）

ラード
豚の背脂。豚の脂身に含まれる香りの成分と脂のコクによる独特の風味がある。融点が低く、液状になりやすい。

材料

材料の主なお問合せ先→P202

※生イーストは水に溶かしておく。

水に生イーストを入れて、1分おいてから泡立て器で混ぜて溶かす。

ミキシング

ミキサーボウルにラード以外の材料を入れる。

POINT イーストは水に溶かしてから加える（上記参照）。

ピックアップステージ　低速3分

クリーンアップステージ　低中速3分

捏上温度 26℃

油を塗った番重に生地を移す。

油脂（ラード）の混ぜ込み

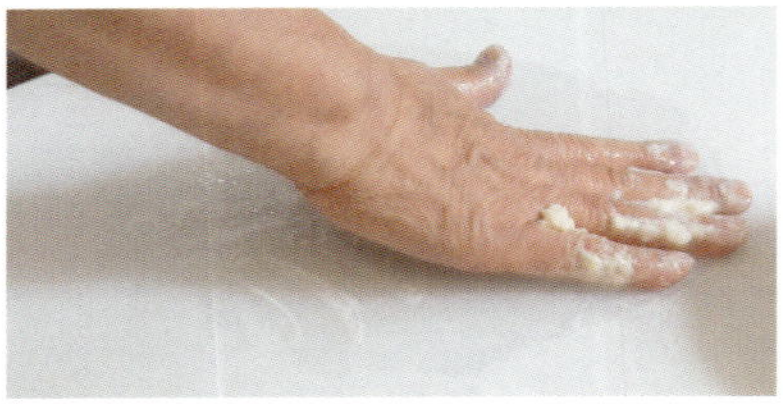

①台にラードを塗る。

②生地をひとつかみ分取り出して台に広げ、ラードを塗る。

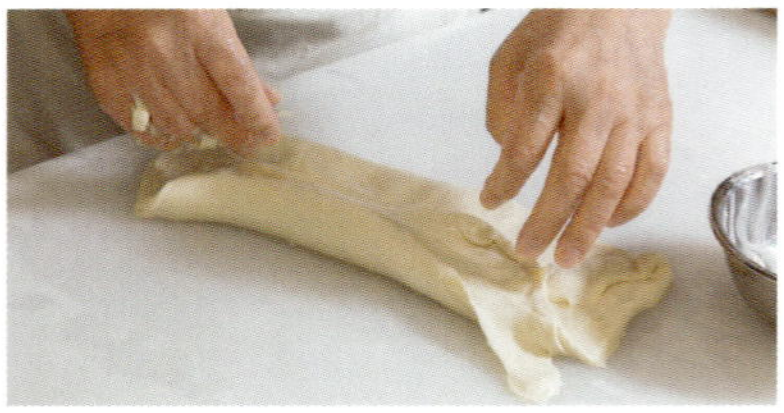

③左右から生地を三つ折りする。

④手前から巻く。

①〜④を繰り返し、ラードを塗った生地すべてを番重に入れる。

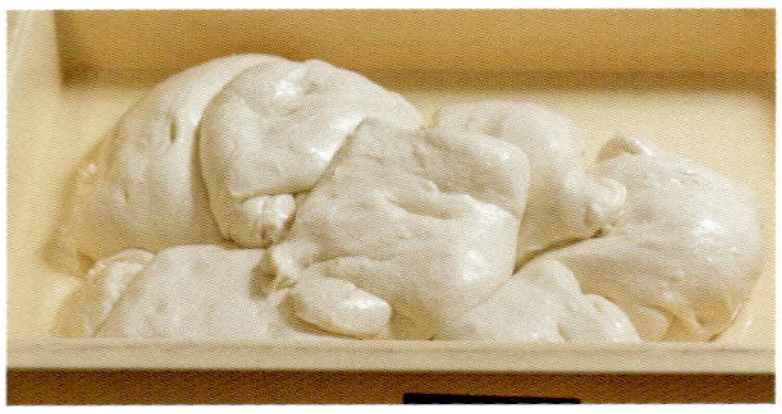

フロアタイム（1次発酵）

90分　温度27℃・湿度70%

パンチ　ガス抜き（三つ折り2回）

30分　温度27℃・湿度70%

POINT　あまり捏ねていない生地なので、ゆっくり発酵させてからパンチを入れ、コシをつける。

90分経った生地

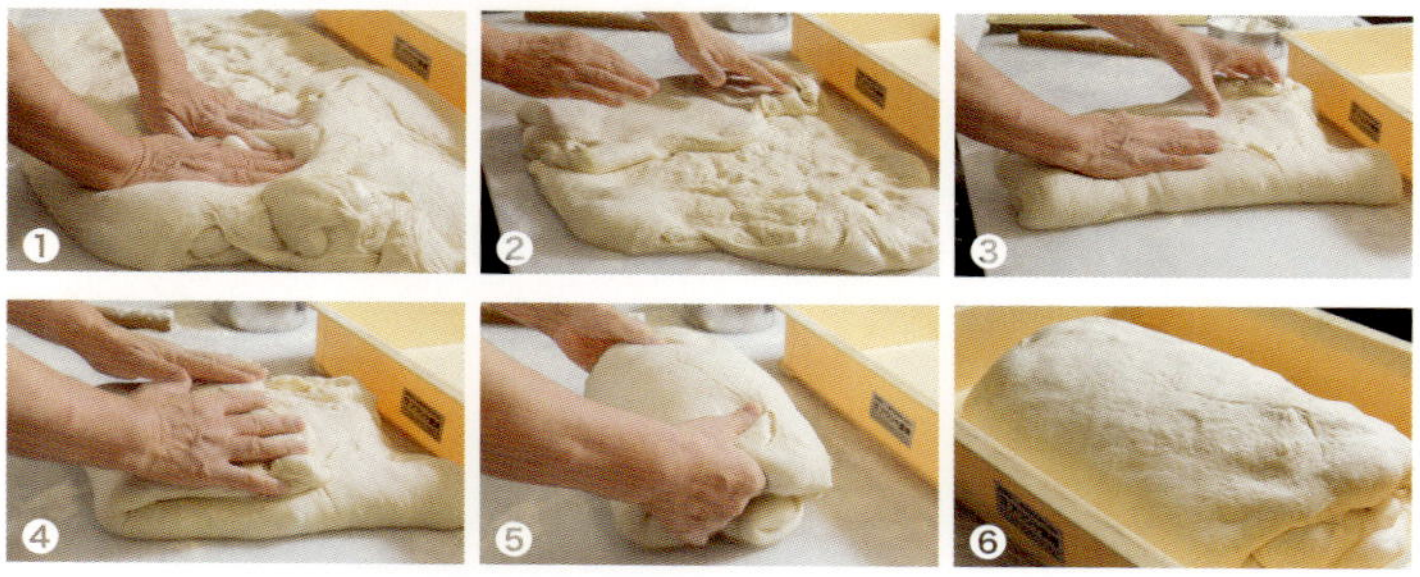

90分経ったところでパンチをする。打ち粉をした台の上に番重を逆さにして生地を取り出し、押し広げてガスを抜く（①）。生地を左右から三つ折りし（②③）、さらに前後から三つ折りして（④⑤）番重に入れ（⑥）、発酵室に戻す。

分割・丸め

分割重量…250g

※3825mℓ（型）÷3.8（比容積）÷4（玉）

ベンチタイム

20分

ベンチタイム後

成形

手丸め

型1台につき4玉を入れる

ガスを抜き、生地を4つに折りたたみ（①、とじ目を下に入れながら丸め、表面を張らせて（②）俵形にする（③）。

両端に1玉ずつ入れてから残りを入れる。

POINT　グルテン強化粉入りの強い生地なので、少し力をかけて締め気味にする。

ホイロ（最終発酵）

70分

温度32℃・湿度75～80%

ホイロ後

POINT

型の口1cm下～型の口いっぱいまで発酵させる。

焼成

上火185℃・下火210℃

55分（スチームあり）

焼成

スチームを入れる。（スチーム機能がない場合は霧吹きする。）

POINT　スチームは少しだけ、ふわっと入れる。多いと焼き上がりのボリュームが少々減るので注意する。

焼成後

型から出し、表面にバター（分量外）を塗る。

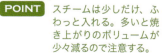

国産小麦「香川の大地」を使った食パン

ポーリッシュ法

国産小麦「香川の大地」を使った食パン

香川県産小麦がメインの国内産小麦100%のパン用小麦粉を使い、その風味を活かしてシンプルな配合で焼き上げました。クラストは香ばしくクリスピー、クラムはしっとり、もっちり。そして噛むほどに、小麦の甘味が広がります。

国産小麦「香川の大地」を使った食パン

「香川の大地」（吉原食糧㈱）は香川県産小麦「さぬきの夢」を主体にした国産小麦のパン用強力粉で、独特の旨味が特徴です。タンパク量はやや少なめですが、伸展性に優れ、よく窯伸びします。本書ではポーリッシュ種を使い、捏上温度、発酵室温度を少し低めにしてゆっくり発酵させ、小麦の旨味と甘味を引き出しています。フロアタイムでパンチをすることでベンチタイム後にしっかりと生地に力が出てきます。分割・丸めの際はガスが抜けやすいため、手数を少なくやさしく丁寧に扱います。生地に力が出た成形時は、強く丸めると表面が切れるので注意が必要です。

使用した型
容積約3825mℓの2斤型

比容積…………………… 3.4

※比容積、生地量についてはP11、各数値の算出方法はP15参照

材料	ベーカーズパーセント（%）	3kg仕込みの使用量（g）
●ポーリッシュ種		
国産小麦粉「香川の大地」	20%	600g
FMP	0.3%	9g
生イースト	0.5%	15g
水	25%	750g
●本捏		
国産小麦粉「香川の大地」	80%	2400g
上白糖	5%	150g
食塩	1.8%	54g
粉乳	2%	60g
生イースト	2.5%	75g
バター	6%	180g
水	37%	1110g
TOTAL	180.1%	

ポーリッシュ種
前日に仕込み、一晩（14～16時間）冷蔵する。

POINT
ポーリッシュ種にも「香川の大地」を使用し、粉の特徴を活かす。

国産小麦粉
タンパク質……10.2%
灰分……………0.42%
香川の大地（吉原食糧）

材料

香川県産小麦使用　国内産小麦100%

パン用小麦粉

香川の大地

香川県産小麦「さぬきの夢」をメインに（50%以上）、北海道産小麦を独自にブレンドした、国内産小麦100%のパン用強力粉。タンパク量は少なめですが、グルテン質の伸展性が優れており、窯伸びがよいのが特徴です。
香川県産小麦ならではの風味と独特の旨味があり、深い味わいのパンを作ることができます。特に、クラストは軽くサクサクとしたクリスピーな食感に焼き上がり、クラムはしっとり感と日本人好みの強いもちもち感が得られます。
色合いも、クラストは香ばしい焼き色がつき、クラムは白色度が高く高級感があります。

タンパク質　10.2%
灰分　0.42%

吉原食糧株式会社

香川県坂出市林田町4285-152
電話　0877-47-2030
http://www.flour-net.com
planet@flour-net.com

本書では、上記の特徴を活かすために、ポーリッシュ種と発酵に時間をかける製法で、小麦の旨味と甘味を引き出しました。また、手丸めによる成形で、クラストを薄く軽く仕上げ、クラムに小麦の味わいが感じられる自然な質感を出しました。

●ポーリッシュ種

参照　基本の食パン「ポーリッシュ法」●ポーリッシュ種 →P36

仕込み

材料を混ぜ合わせる　捏上温度 25℃

発酵

室温に２時間おく

POINT　最大限に発酵させる。

熟成

冷蔵庫に一晩（14～16時間）おく

POINT　熟成させ過ぎて酸っぱくならないように気をつける。

一晩経って種落ちした状態

●本捏

ミキシング

ミキサーボウルにバター以外の材料を入れる。

POINT イーストは、砂糖、塩に触れないように入れる。

ピックアップステージ	低速3分
クリーンアップステージ	低中速2分 ⬇バターを投入
ディベロップメントステージ	低速3分 低中速4分
ファイナルステージ	中高速2分 捏上温度 27℃

POINT 水分が粉に入りきったところ（水切れ段階）でバターを加える。

POINT 生地温度を確認しながら進める。タンパク量が少ないと生地の捏ね上がりが早いので、オーバーミキシングに注意する。

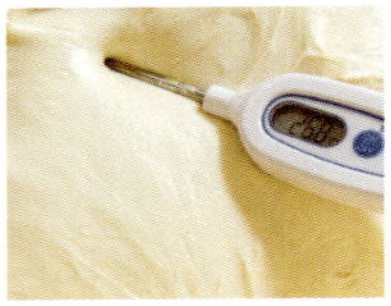

フロアタイム（1次発酵）

50分　温度26℃・湿度70%

パンチ　ガス抜き（三つ折り2回）

25分　温度26℃・湿度70%

発酵室から生地を取り出し、作業台に出す。生地を押し広げてガスを軽く抜き、横から2/3のところまで折り（①）、反対側から生地端まで折る（②）。次に手前から2/3のところまで折り（③）、向こう側から生地端まで折ったらとじ目を下にして（④）、番重に入れて発酵室に戻す。

分割・丸め

分割重量…280g

※3825mℓ（型）÷3.4（比容積）÷4（玉）

POINT ガスを抜かないように、やさしく丸める。

ベンチタイム

20分

成形

手丸め

型1台につき4玉を入れる

ガスを軽く抜き（①）、生地を4つに折りたたみ（②）、とじ目を下に入れながら丸め、表面を張らせて（③）俵形にする。

両端に1玉ずつ入れてから残りを入れる。

POINT 力をかけると生地の目が詰まりクラストが厚くなるので、やさしく行う。

ホイロ（最終発酵）

55分

温度35℃・湿度70%

ホイロ後

POINT 低めの温度で時間をかけて、型の90%くらいまで発酵させる。

焼成

上火180℃・下火205℃

43分（スチームなし）

焼成後

型から出し、表面にバター（分量外）を塗る。

第2章

果物・木の実・野菜入りの食パン

——自然の風味と素材の色彩を楽しむ——

直捏法

レーズン入り食パン

直捏法　基本のレーズン入り食パン

レーズンを対粉30％配合した定番のレーズン入り食パンです。30％というのは、レーズンが主張し過ぎないバランス。甘めでやわらかな生地とレーズンの甘酸っぱさ、両方が楽しめます。

直捏法　4種のレーズン入り食パン

レーズンの量を対粉50％とたっぷり入れ、4種の色とりどりのレーズンを組み合わせて、ちょっとリッチにアレンジしました。すっかり定番化したレーズン入り食パンも、こんな工夫で新鮮味を出せます。

角食　直捏法

基本のレーズン入り食パン

レーズンは前日に湯または水で洗ってざるにあげておきます。汚れを取り除くとともに、適度に水分を吸わせておくためです。レーズンが乾燥していると生地の水分を吸ってしまい、老化が早くなります。生地は通常より砂糖を2％くらい増やしてやわらかくします。生地がかたいと混ぜ込みに時間がかかり、レーズンがつぶれて汚くなります。固形の混ぜものをしている生地は膨らみにくいので、ホイロは通常より一割程度高い位置まで発酵させましょう。

使用した型
容積約3700mℓの2斤型

比容積…………………… 3.6

※比容積、生地量についてはP11、各数値の算出方法はP15参照

材料	ベーカーズパーセント（%）	3kg仕込みの使用量（g）
強力粉	100%	3000g
上白糖	8%	240g
食塩	2%	60g
粉乳	2%	60g
FMP	0.3%	9g
生イースト	3%	90g
バター	4%	120g
ショートニング	2%	60g
水	68%	2040g
レーズン	30%	900g
TOTAL	219.3%	

強力粉
タンパク質……12.0%
灰分… 0.38 ～ 0.40%

レーズン
オイルコーティングしていないものがよい。

POINT
前日に湯または水で洗って汚れを落とし、ざるにあげておく（水を適度に吸わせて膨潤させておく）。

材料（水を除く）

材料の主なお問合せ先→P202

参考 基本の食パン「直捏法」→P18

ミキシング

ミキサーボウルにバターとショートニング、レーズン以外の材料を入れる。 POINT イーストは、砂糖、塩に触れないように入れる。

ピックアップステージ	低速3分
クリーンアップステージ	低中速2分 ⬇バターとショートニングを投入
ディベロップメントステージ	低速2分 低中速5分
ファイナルステージ	中高速3分 ⬇レーズンを投入 低速1分 捏上温度 27℃

POINT 水分が粉に入りきったところ（水切れ段階）でバターとショートニングを加える。

POINT 生地温度を確認しながら進める。

生地がつながってつやが出たらレーズンを加える。つぶさないように低速で混ぜる。

フロアタイム（1次発酵）

50分

温度28℃・湿度70%

フロアタイム後

分割・丸め

分割重量…255g

※3700mℓ（型）÷3.6（比容積）÷4（玉）

POINT ガスを抜かないように、やさしく丸める。

ベンチタイム

20分

ベンチタイム前

成形

麺棒成形

型1台につき4玉を入れる

ガスを抜き、麺棒でだ円にのばし、三つ折りにしたら（①）90度回転させて麺棒で平らにし（②）、手前から巻く（③）。

両端に1玉ずつ入れてから残りを入れる。

POINT 力をかけると生地の目が詰まりクラストが厚くなるので、やさしく行う。

ホイロ（最終発酵）

45～55分

温度36℃・湿度75～80%

ホイロ後

POINT 型の80%くらいまで発酵させる。

焼成

上火200℃・下火210℃

40分（スチームなし）

焼成前

蓋をする。

焼成後

型から出す。

山食　直捏法

4種のレーズン入り食パン

レーズンを対粉50％入れますので、グルテン強化粉を配合してグルテンを強め、膨らむ力を補います。レーズンは色が異なる種類を組み合わせます。レーズンを前日に水で洗って膨潤させておくことなどは「基本のレーズン入り食パン」（74ページ）と同じですが、山食はレーズンが表面に出ていると焦げて苦くなります。成形時やホイロ後に表面に出たレーズンは、中に入れるか、取って底に入れましょう。

使用した型
容積約3825mℓの2斤型

比容積……………………3.2

※比容積、生地量についてはP11、各数値の算出方法はP15参照

材料	ベーカーズパーセント（％）	3kg仕込みの使用量（g）
強力粉	70％	2100g
グルテン強化粉	30％	900g
上白糖	7％	210g
食塩	2％	60g
FMP	0.3％	9g
生イースト	3.5％	105g
マーガリン	8％	240g
生クリーム	8％	240g
水	72％	2160g
レーズン（4種ミックス）	50％	1500g
TOTAL	250.8％	

粉全体のタンパク質　12.45％
｛（強力粉12.0％×ベーカーズパーセント70％）＋（グルテン強化粉13.5％×ベーカーズパーセント30％）｝÷100＝12.45％

グルテン強化粉
タンパク質…　13.5％
灰分…………　0.46％
ゴールデンヨット（日本製粉）

強力粉
タンパク質……12.0％
灰分…　0.38～0.40％

レーズン（4種ミックス）
レーズン、グリーンレーズン、ゴールデンレーズン、ジュエリーレーズンをミックスしたもの。

POINT
前日に湯または水で洗って汚れを落とし、ざるにあげておく（水を適度に吸わせて膨潤させておく）。

材料

材料の主なお問合せ先→P202

参考 基本の食パン「直捏法」→P18

ミキシング

ミキサーボウルにマーガリン、レーズン以外の材料を入れる。 POINT イーストは、砂糖、塩に触れないように入れる。

ステージ	工程	
ピックアップステージ	低速2分	
クリーンアップステージ	低中速3分 ⬇マーガリンを投入	POINT 水分が粉に入りきったところ（水切れ段階）でマーガリンを加える。
ディベロップメントステージ	低速3分 低中速5分	
ファイナルステージ	中高速5分 ⬇レーズンを投入 低速2分 捏上温度 28℃	POINT 生地温度を確認しながら進める。

生地につやが出て捏ね上がったらレーズンを加え、つぶさないように低速で混ぜる。

フロアタイム（1次発酵）

60分
温度28℃・湿度70%

フロアタイム後

分割・丸め

分割重量…300g
※3825mℓ（型）÷3.2（比容積）÷4（玉）

POINT
ガスを抜かないように、やさしく丸める。

ベンチタイム

20分

ベンチタイム後

成形

手丸め
型1台につき4玉を入れる

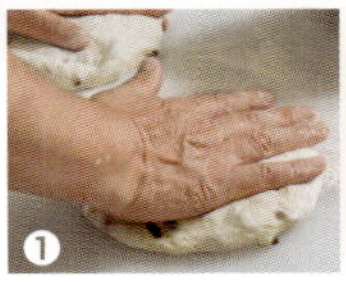

ガスを軽く抜き（①）、生地を4つに折りたたみ（②）、とじ目を下に入れながら丸め、表面を張らせて（③）俵形にする。

両端に1玉ずつ入れてから残りを入れる。

POINT 力をかけると生地の目が詰まりクラストが厚くなるので、やさしく行う。表面にレーズンが出ていたら中に入れる（焦げて苦くなるため）。

ホイロ（最終発酵）

55分
温度36℃・湿度75～80%

ホイロ後

POINT
型上1cmまで発酵させる。
表面にレーズンが出ていたら中に入れる。

焼成

上火175℃・下火200℃
50分（スチームなし）

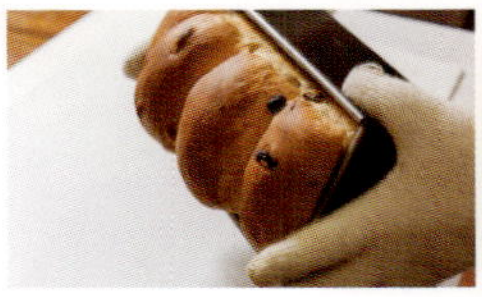

焼成後
型から出し、表面にバター（分量外）を塗る。

直捏法

かぼちゃ入り食パン

直捏法 かぼちゃ入り食パン

かぼちゃのペーストを練り込んだ生地にかぼちゃの皮を混ぜました。ふんわりしっとり焼き上がった生地は、かぼちゃの色が鮮やかです。サンドイッチやフレンチトーストにしてもよいでしょう。

山食　直捏法

かぼちゃ入り食パン

かぼちゃの水分量により、仕込み水の量を加減してください。かぼちゃのペーストは傷みやすいので何日も前に準備することはせず、当日作って冷ますか、前日に作って冷蔵保存しておきます。ペースト用に茹でたかぼちゃの皮の一部は、具材として使います。かぼちゃを練り込むと色はきれいに出ますが、風味はあまり出ません。本書では、生地に乳酸発酵米パウダーを加えて風味をよくしていますが、入れなくてもかまいません。お好みで加えてください。

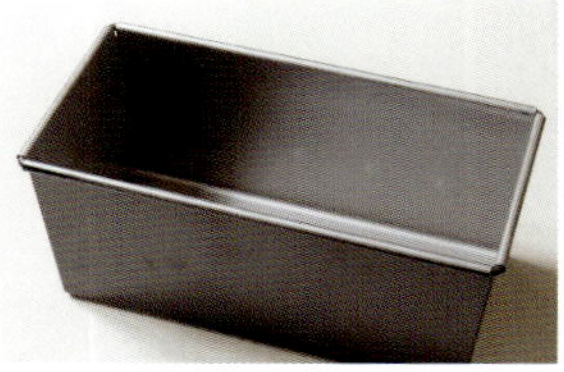

使用した型

容積約3825mℓの2斤型

比容積…………………… 3.7

※比容積、生地量についてはP11、各数値の算出方法はP15参照

材料	ベーカーズパーセント（%）	3kg仕込みの使用量（g）
強力粉	100%	3000g
上白糖	8%	240g
食塩	2%	60g
粉乳	2%	60g
乳酸発酵米パウダー	5%	150g
FMP	0.3%	9g
生イースト	3%	90g
バター	4%	120g
ショートニング	2%	60g
水	55%	1650g
かぼちゃのペースト	37%	1110g
かぼちゃの皮	7%	210g
TOTAL	225.3%	

かぼちゃのペースト

かぼちゃを洗って種とワタを除き、カットして茹でる。やわらかくなったら皮を取り、30メッシュの網で裏漉しする。

強力粉

タンパク質……12.0%

灰分… 0.38 ～ 0.40%

乳酸発酵米パウダー

精白うるち米を乳酸発酵させた風味改良素材。乳酸発酵米の乳化作用、保湿力によるソフトでしっとりした生地感、香味の向上などに効果がある。

NK-2パウダーSE（バイオテックジャパン）を使用。

かぼちゃの皮

かぼちゃのペーストを作る際に取り除いた皮（茹でたもの）の一部をカットする。

材料

材料の主なお問合せ先→P202

参考　基本の食パン「直捏法」→P18

ミキシング

ミキサーボウルにバターとショートニング、かぼちゃの皮以外の材料を入れる。

POINT
イーストは、砂糖、塩に触れないように入れる。

ピックアップステージ	低速3分
クリーンアップステージ	低中速3分 ⬇バターとショートニングを投入
ディベロップメントステージ	低速3分 低中速4分
ファイナルステージ	中高速3分 ⬇かぼちゃの皮を投入 低速1～2分 捏上温度 28℃

POINT 水分が粉に入りきったところ（水切れ段階）でバターとショートニングを加える。

POINT 生地温度を確認しながら進める。

生地につやが出て捏ね上がったらかぼちゃの皮を加え、つぶさないように低速で混ぜる。

フロアタイム（1次発酵）

60分
温度28℃・湿度70%

フロアタイム後

分割・丸め

分割重量…255g
※3825mℓ（型）÷3.7（比容積）÷4（玉）

POINT
ガスを抜かないように、やさしく丸める。

ベンチタイム

20分

ベンチタイム後

成形

手丸め
型1台につき4玉を入れる

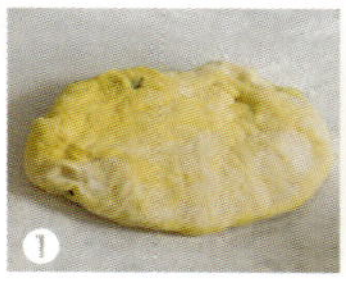

ガスを軽く抜き（①）、生地を4つに折りたたみ（②）、とじ目を下に入れながら丸め、表面を張らせて俵形にする（③）。

両端に1玉ずつ入れてから残りを入れる。

POINT 力をかけると生地の目が詰まりクラストが厚くなるので、やさしく行う。表面にかぼちゃの皮が出ていたら中に入れる（焦げて苦くなるため）。

ホイロ（最終発酵）

45～55分
温度36℃・湿度75～80%

ホイロ後

POINT
型の85%～型の口すれすれまで発酵させる。
表面にかぼちゃの皮が出ていたら中に入れる。

焼成

上火180℃・下火200℃
43分（スチームなし）

焼成後
型から出し、表面にバター（分量外）を塗る。

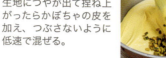

直捏法

クルミ入り食パン

直捏法　クルミ入り食パン

アメリカ産のおいしいクルミを香ばしくローストして、生地に混ぜ込みました。クルミは対粉30%の割合です。生地が詰まり過ぎず食パンらしい食感に膨らみ、クルミの存在感もあるバランスのよい配合です。

角食　直捏法

クルミ入り食パン

クルミを混ぜ込む分だけ比容積が小さくなり、分割重量が大きくなります。生地量を増やさずバイタルグルテンを添加してもよいでしょう（バイタルグルテン量の算出については16ページ）。クルミは、信州産など国産を使いたいところですが、高価です。外国産の中ではアメリカ産のものが味がよいと思います。香ばしくするため、ローストしてから使います。クルミのローストは、必ず冷ます時間を計算に入れてください。熱がとれていないと生地に影響します。クルミは酸化しやすいので、当日または前日に使う分だけローストするのがよいですが、残ったものや、やむをえず数日前に準備して保管する場合は冷凍します。

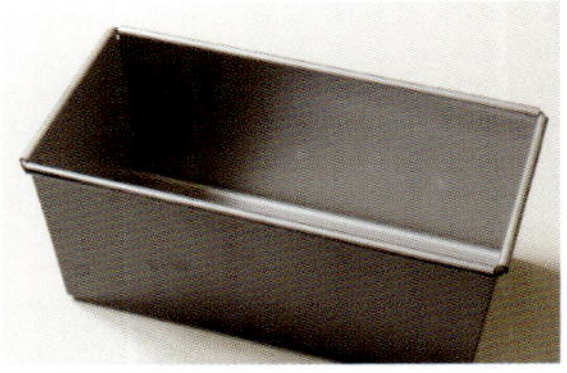

使用した型
容積約3825mℓの2斤型

比容積…………………… 3.6

※比容積、生地量についてはP11、各数値の算出方法はP15参照

材料	ベーカーズパーセント（%）	3kg仕込みの使用量（g）
強力粉	100%	3000g
上白糖	6%	180g
食塩	2%	60g
粉乳	2%	60g
FMP	0.3%	9g
生イースト	3%	90g
マーガリン	6%	180g
水	72%	2160g
クルミ	30%	900g
TOTAL	221.3%	

POINT
クルミはローストして使う。使う分だけ当日または前日にローストして冷ましておく。

クルミは1/8個くらいの大きさに手割りして、180℃のオーブンで約15分焼く。途中でかきまぜて、色付きが均一になるようにすることと、焦がさないように注意する。

クルミ
味と香りがよいものを選ぶ。ほどよい大きさに手で割り、ローストして使う（左記参照）。

強力粉
タンパク質……12.0%
灰分… 0.38 ～ 0.40%

材料

参考　基本の食パン「直捏法」→P18

ミキシング

ミキサーボウルにマーガリン、クルミ以外の材料を入れる。　**POINT** イーストは、砂糖、塩に触れないように入れる。

ステージ	
ピックアップステージ	低速2分
クリーンアップステージ	低中速2分 ⬇マーガリンを投入
ディベロップメントステージ	低速2分 低中速4分
ファイナルステージ	中高速4分 ⬇クルミを投入 低速1～2分 捏上温度 28℃

POINT 水分が粉に入りきったところ（水切れ段階）でマーガリンを加える。

POINT 生地温度を確認しながら進める。

生地につやが出たらクルミを加え、低速で混ぜる。長く混ぜるとクルミが砕けて生地が汚くなるので注意する。

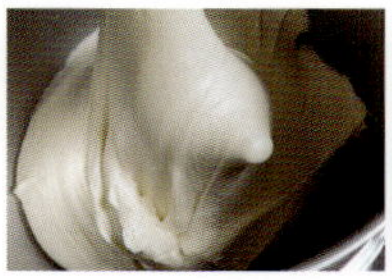

フロアタイム（1次発酵）

60分
温度28℃・湿度70%

フロアタイム後
フロアタイムが終わる頃にはクルミの渋で生地が薄い紫色に変色してくる。

分割・丸め

分割重量…265g
※3825mℓ（型）÷3.6（比容積）÷4（玉）

POINT
ガスを抜かないように、やさしく丸める。

ベンチタイム

20分

ベンチタイム後

成形

麺棒成形
型1台につき4玉を入れる

ガスを抜き、麺棒でだ円にのばし、三つ折りにしたら（①）90度回転させて麺棒で平らにし（②）、手前から巻く（③）。

両端に1玉ずつ入れてから残りを入れる。

POINT 力をかけると生地の目が詰まりクラストが厚くなるので、やさしく行う。

ホイロ（最終発酵）

50分
温度38℃・湿度75～80%

ホイロ後

POINT
型の80%くらいまで発酵させる。

焼成

上火190℃・下火200℃
42分（スチームなし）

焼成前
蓋をする。

焼成後
型から出す。

直捏法

胡麻入り食パン

直捏法

胡麻入り食パン

香ばしい胡麻の香りが食欲をそそります。黒胡麻だけでは見た目が黒くなるので、黒と白をほどよく混ぜ合わせました。洋風、和風、どちらの味にも合うので、サンドイッチにも重宝します。

山食　直捏法

胡麻入り食パン

胡麻を対粉８％配合しました。黒胡麻は風味は濃厚でよいのですが、見た目が黒くなり過ぎます。そのため、黒胡麻６％、白胡麻２％を混ぜて、見た目と風味のバランスをとりました。胡麻は、軽くローストしてから使うと一層香ばしくなります。

胡麻が生地の水分を吸収するので、水は若干多めに加えます。

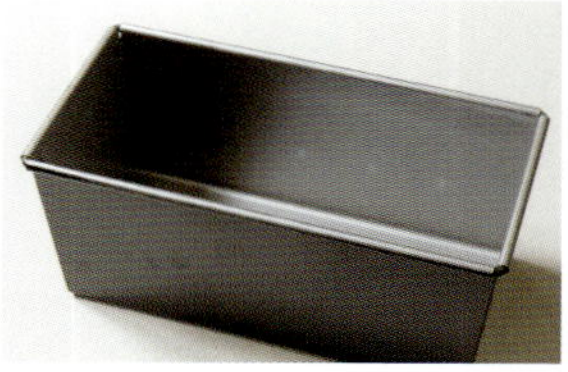

使用した型
容積約3825mℓの２斤型

比容積……………………3.9

※比容積、生地量についてはP11、各数値の算出方法はP15参照

材料	ベーカーズパーセント（%）	3kg仕込みの使用量（g）
強力粉	100%	3000g
上白糖	6.5%	195g
食塩	2%	60g
粉乳	2%	60g
FMP	0.3%	9g
生イースト	3%	90g
バター	4%	120g
ショートニング	2%	60g
水	72%	2160g
黒胡麻	6%	180g
白胡麻	2%	60g
TOTAL	199.8%	

強力粉
タンパク質……12.0%
灰分… 0.38 ～ 0.40%

胡麻
黒胡麻６%と白胡麻２%を配合。好みの胡麻でよいが、粒状のまま使う。すり胡麻などは油が出るので適さない。

材料

材料の主なお問合せ先→P202

参考 基本の食パン「直捏法」→P18

ミキシング

ミキサーボウルにバターとショートニング、胡麻以外の材料を入れる。

POINT イーストは、砂糖、塩に触れないように入れる。

ピックアップステージ	低速3分
クリーンアップステージ	低中速2分 **⬇バターとショートニングを投入**
ディベロップメントステージ	低速3分 低中速4分
ファイナルステージ	中高速3分 **⬇胡麻を投入** 低速2分 捏上温度 27℃

POINT 水分が粉に入りきったところ（水切れ段階）でバターとショートニングを加える。

POINT 生地温度を確認しながら進める。

生地につやが出て捏ね上がったら胡麻を加え、低速で混ぜる。

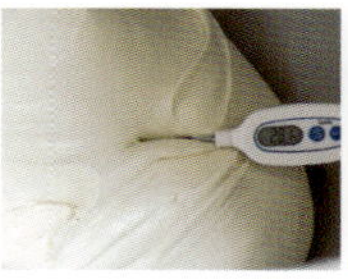

フロアタイム（1次発酵）

50分
温度28℃・湿度70%

フロアタイム後

分割・丸め

分割重量…245g
※3825mℓ（型）÷3.9（比容積）÷4（玉）

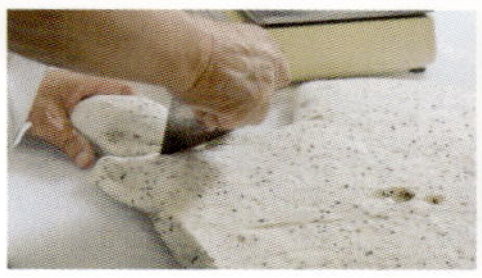

POINT ガスを抜かないように、やさしく丸める。

ベンチタイム

20分

ベンチタイム前

成形

手丸め
型1台につき4玉を入れる

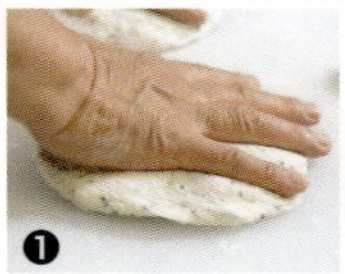

ガスを軽く抜き（①）、生地を4つに折りたたみ（②）、とじ目を下に入れながら丸め、表面を張らせて俵形にする（③）。

両端に1玉ずつ入れてから残りを入れる。

POINT 力をかけると生地の目が詰まりクラストが厚くなるので、やさしく行う。

ホイロ（最終発酵）

45～55分
温度36℃・湿度75～80%

ホイロ後

POINT 型の85%～型の口すれすれまで発酵させる。

焼成

上火180℃・下火210℃
40分（スチームなし）

焼成後
型から出し、表面にバター（分量外）を塗る。

直捏法

ニンジン入り食パン

直捏法

ニンジン入り食パン

ニンジンのピューレを混ぜ込んだ食パンです。ニンジンのオレンジ色は油脂に触れると黄色に変化しますが、焼いても薄まることなく明るい黄色に仕上がります。青くささはなくなりますので、ニンジンが苦手な方にも食べやすいでしょう。

角食　直捏法

ニンジン入り食パン

ニンジンのピューレは、茹でたニンジンをミキサーにかけた後、裏漉ししたものです。市販品もありますが、焼成すると風味はほとんど消えてしまいますので、ニンジンらしさを出すためには自家製をおすすめします。ニンジンの風味が弱くなる分、乳酸発酵米パウダーを加えて風味をよくしていますが、入れなくても問題ありません。お好みで加えてください。

ニンジンの水分量により、仕込み水の量は調整してください。水切れ段階までの生地はニンジンの色に染まりますが、油脂を加えると黄色味が強くなります。

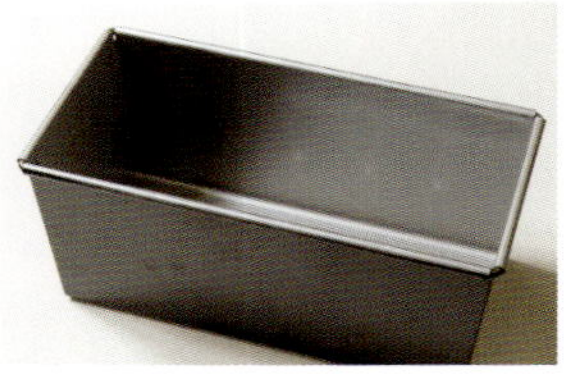

使用した型
容積約3825mℓの2斤型

比容積…………………… 4.0

※比容積、生地量についてはP11、各数値の算出方法はP15参照

材料	ベーカーズパーセント（%）	3kg仕込みの使用量（g）
強力粉	100%	3000g
上白糖	8%	240g
食塩	2%	60g
粉乳	2%	60g
乳酸発酵米パウダー	5%	150g
FMP	0.3%	9g
生イースト	3%	90g
バター	4%	120g
ショートニング	2%	60g
水	49%	1470g
ニンジンのピューレ	40%	1200g
TOTAL	215.3%	

ニンジンのピューレ
ニンジンを洗って皮をむき、適当にカットして茹でる。やわらかくなったらミキサーにかけ、網で裏漉しする。

強力粉
タンパク質……12.0%
灰分… 0.38 ～ 0.40%

乳酸発酵米パウダー
精白うるち米を乳酸発酵させた風味改良素材。乳酸発酵米の乳化作用、保湿力によるソフトでしっとりした生地感、香味の向上などに効果がある。
NK-2パウダーSE（バイオテックジャパン）を使用。

材料

材料の主なお問合せ先→P202

参考　基本の食パン「直捏法」→P18

ミキシング

ミキサーボウルにバターとショートニング以外の材料を入れる。

POINT　イーストは、砂糖、塩に触れないように入れる。

ピックアップステージ	低速３分
クリーンアップステージ	低中速３分 ⬇バターとショートニングを投入
ディベロップメントステージ	低速３分
ファイナルステージ	低中速４分 中高速３分 捏上温度 28℃

POINT　水分が粉に入りきったところ（水切れ段階）でバターとショートニングを加える。

POINT　生地温度を確認しながら進める。

フロアタイム（1次発酵）

60分

温度28℃・湿度70%

フロアタイム後

分割・丸め

分割重量…240g

※3825mℓ（型）÷4.0（比容積）÷4（玉）

POINT

ガスを抜かないように、やさしく丸める。

ベンチタイム

20分

ベンチタイム後

成形

麺棒成形

型1台につき4玉を入れる

ガスを抜き、麺棒でだ円にのばし、三つ折りにしたら（①）90度回転させて麺棒で平らにし（②）、手前から巻く（③）。

両端に1玉ずつ入れてから残りを入れる。

POINT　力をかけると生地の目が詰まりクラストが厚くなるので、やさしく行う。

ホイロ（最終発酵）

40～45分

温度36℃・湿度75～80%

ホイロ後

POINT

型の80%くらいまで発酵させる。

焼成

上火190℃・下火200℃

40分（スチームなし）

焼成前

蓋をする。

焼成後

型から出す。

わかめ入り食パン

直捏法　わかめ入り食パン

和の素材を組み合わせたパンはいろいろありますが、わかめを使った食パンは珍しいのではないでしょうか。これが意外なおいしさです。マヨネーズと相性がよく、ぐんと味わいが広がりますので、サンドイッチにしたり、店頭でマヨネーズをつけて試食販売するなど、試してみてはいかがでしょうか。

山食　直捏法

わかめ入り食パン

わかめはパウダーにしたものと刻んだわかめを練り込みます。パウダーは乾燥わかめをフードプロセッサーで粉状にしたものです。これに水を加えて沸騰させ、冷やしておきます。前日に仕込んでおくとよいでしょう。具材のわかめは、乾燥わかめを水に浸けて戻し、刻みます。余分な水分が入らないようにしっかり水切りします。この2種類のわかめをミキシングの最初から入れて捏ね上げます。わかめが水を含んでいますので、仕込み水の量は調整してください。

使用した型
容積約3825mℓの2斤型

比容積……………………3.5

※比容積、生地量についてはP11、各数値の算出方法はP15参照

材料	ベーカーズパーセント（%）	3kg仕込みの使用量（g）
強力粉	100%	3000g
上白糖	6%	180g
食塩	2%	60g
粉乳	2%	60g
FMP	0.3%	9g
生イースト	3%	90g
マーガリン	6%	180g
水	60%	1800g
わかめパウダー	6%	180g
わかめ（水で戻したもの）	12%	360g
TOTAL	197.3%	

わかめ
乾燥わかめを水でしっかり戻し、よく水切りをして、細かく刻んでおく。

強力粉
タンパク質……12.0%
灰分… 0.38～0.40%

わかめパウダー
乾燥わかめをフードプロセッサーで粉砕したもの。10倍の水を加えて火にかけ、沸騰するまで加熱後、冷却しておく。

材料

参考 基本の食パン「直捏法」→P18

ミキシング

ミキサーボウルにマーガリン以外の材料を入れる。

POINT イーストは、砂糖、塩に触れないように入れる。

ピックアップステージ	低速3分
クリーンアップステージ	低中速3分 ⬇マーガリンを投入
ディベロップメントステージ	低速2分
ファイナルステージ	低中速4分 中高速4分

POINT 水分が粉に入りきったところ（水切れ段階）でマーガリンを加える。

POINT 生地温度を確認しながら進める。

捏上温度 27℃

フロアタイム（1次発酵）

60分

温度28℃・湿度70%

フロアタイム後

分割・丸め

分割重量…275g

※3825mℓ（型）÷3.5（比容積）÷4（玉）

POINT

ガスを抜かないように、
やさしく丸める。

ベンチタイム

20分

ベンチタイム後

成形

手丸め

型1台につき4玉を入れる

ガスを軽く抜き（①）、生地を4つに折りたたみ（②）、とじ目を下に入れながら丸め、表面を張らせて俵形にする（③）。

両端に1玉ずつ入れてから残りを入れる。

POINT 力をかけると生地の目が詰まりクラストが厚くなるので、やさしく行う。

ホイロ（最終発酵）

45～55分

温度36℃・湿度75～80%

POINT 型の90%～型の口すれすれまで発酵させる。

焼成

上火180℃・下火200℃

42分（スチームなし）

焼成後

型から出し、表面にバター（分量外）を塗る。

直捏法

さつまいも入り食パン

さつまいも入り食パン

さつまいもの甘露煮の食感と甘味が懐かしさを感じさせます。さつまいもと相性のよい黒胡麻を加えて、胡麻の香ばしさをアクセントにしました。

山食　直捏法

さつまいも入り食パン

さつまいも甘露煮は生地に混ぜ込まず、成形時に巻き込みます。こうすると、さつまいもで生地を汚すことなくパン全体に行き渡らせることができます。ガスを必要以上に抜かないように生地をやさしく扱い、巻き終わりはしっかり押さえておきます。

胡麻は軽くローストしておくと、香ばしさが引き立ちます。胡麻が吸水しますので、仕込み水の量は少し多めにします。

さつまいもと胡麻を入れていますのでイーストを少し多く配合していますが、ホイロは型の85%以上の高さまで、しっかり発酵させるほうがよいでしょう。

使用した型

容積約3825mℓの2斤型

比容積……………… 3.9

※比容積、生地量についてはP11、各数値の算出方法はP15参照

材料	ベーカーズパーセント（%）	3kg仕込みの使用量（g）
強力粉	100%	3000g
上白糖	7%	210g
食塩	2%	60g
粉乳	2%	60g
FMP	0.3%	9g
生イースト	3.5%	105g
マーガリン	6%	180g
水	72%	2160g
黒胡麻	5%	150g
TOTAL	197.8%	

さつまいも甘露煮 …（生地重量の）20%…（1玉につき）50g

さつまいも甘露煮

さつまいもに砂糖を加えて煮たものを使用。ダイスカットした製品もある。

強力粉

タンパク質……12.0%

灰分… 0.38 ～ 0.40%

黒胡麻

軽くローストすると一層香ばしくなる。

生地の材料

材料の主なお問合せ先→P202

参考 基本の食パン「直捏法」→P18

ミキシング

ミキサーボウルにマーガリン、胡麻以外の生地の材料を入れる。

POINT イーストは、砂糖、塩に触れないように入れる。

ピックアップステージ	低速２分
クリーンアップステージ	低中速２分 ⬇マーガリンを投入
ディベロップメントステージ	低速２分 低中速４分
ファイナルステージ	中高速３分 ⬇胡麻を投入 低速２分

捏上温度 27℃

POINT 水分が粉に入りきったところ（水切れ段階）でマーガリンを加える。

POINT 生地温度を確認しながら進める。

生地につやが出て捏ね上がったら胡麻を加え、低速で混ぜる。

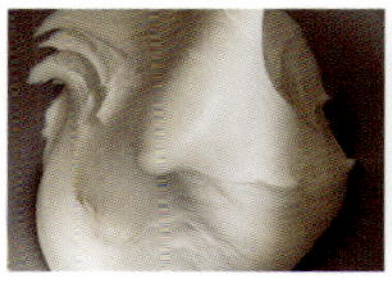

フロアタイム（1次発酵）

50分

温度28℃・湿度70%

フロアタイム後

分割・丸め

分割重量…245ｇ

※3825mℓ（型）÷3.9（比容積）÷4（玉）

POINT ガスを抜かないように、やさしく丸める。

ベンチタイム

20分

ベンチタイム後

成形

麺棒成形

さつまいも甘露煮を巻き込む

さつまいも甘露煮…1玉につき50ｇ

※1台の生地重量980ｇの20%÷４玉

型1台につき４玉を入れる

ガスを抜き、麺棒でのばし、さつまいも甘露煮をのせる（①）。前後から三つ折りし90度回転させ（②）、手前から巻く（③）。

両端に１玉ずつ入れてから残りを入れる。

POINT ガスを抜き過ぎないようにし、巻き終わりはしっかりおさえてとじる。

ホイロ（最終発酵）

40～50分

温度36℃・湿度75～80%

ホイロ後

POINT 型の85%～型の口すれすれまで発酵させる。

焼成

上火175℃・下火210℃

43分（スチームなし）

焼成後

型から出し、表面にバター（分量外）を塗る。

手成形とモルダー成形について

手による成形、手丸めにはいくつもの利点があり、生地にストレスをかけずに成形でき、触感で生地の状態を判断して微妙な調整ができます。焼き上がりはふわっとした自然な膨らみが得られ、クラスト（耳）は薄く軽くなります。内相膜は若干粗くなりますが、素朴な食感がかえって素材のおいしさを伝えます。しかし、良い状態に日々安定した成形ができるようになるまでには技術の習得と経験が必要で、作業する人の技術的な個人差がパンの仕上がりに影響するのが難点です。特に、複数のスタッフが作業する店舗では、クオリティーを一定にするための苦心があるでしょう。また、手作業は時間がかかるため、大量に生産することが難しくなります。

モルダー（成形機）を使うと作業効率がよくなり、短時間に大量の成形が可能になります。ガスの抜け具合や形が均一化され、個体差が少なくなるので、経験が浅いスタッフに任せることもでき、商品のレベルを一定の水準に保ちやすくなります。内相膜は若干詰まった感じになり、断面は目が揃ってきれいに見えます。クラストは手成形よりも厚くかたくなります。生地が詰まり気味のため食感に多少の抵抗があり、どこを食べても味に差はありませんが素材感はやや薄まります。また、湯種を使った生地など、モルダーに向かないものもあります。

おいしさのためには手成形をおすすめしますが、環境や状況によりモルダーが必要な場合もあります。技術を身につけることと選択肢を知っておくこと、両方が大切だと思います。

モルダー成形（２度がけ）の例

本書では「胚芽入り食パン」（P127）をモルダーで成形しました（焼き上がりの写真はP127をご覧ください）。

ご注意 使用するモルダーによって調整が必要です。
※本書ではオシキリ製のローラーが２つあるタイプを使用。

ベンチタイム後の生地

①目盛を最終目標より広くセットする。投入口から生地を1つずつ入れる。

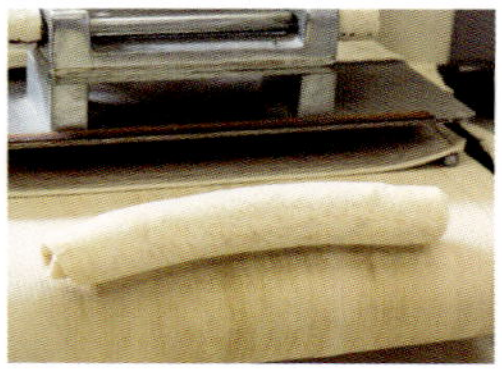
②のばされ、巻かれた生地が出てくる。

③これを再度モルダーにかける（２度目）。目盛を最終の厚みにする。

④生地を縦向きに入れる。

⑤のばされ、巻かれた生地が出てくる。

⑥型に詰める。

ホイロ後の生地。高さが揃っている。

第3章

シリアル系食パン

―大地の恵み・穀物の魅力を引き出す―

直捏法

ライ麦入り食パン

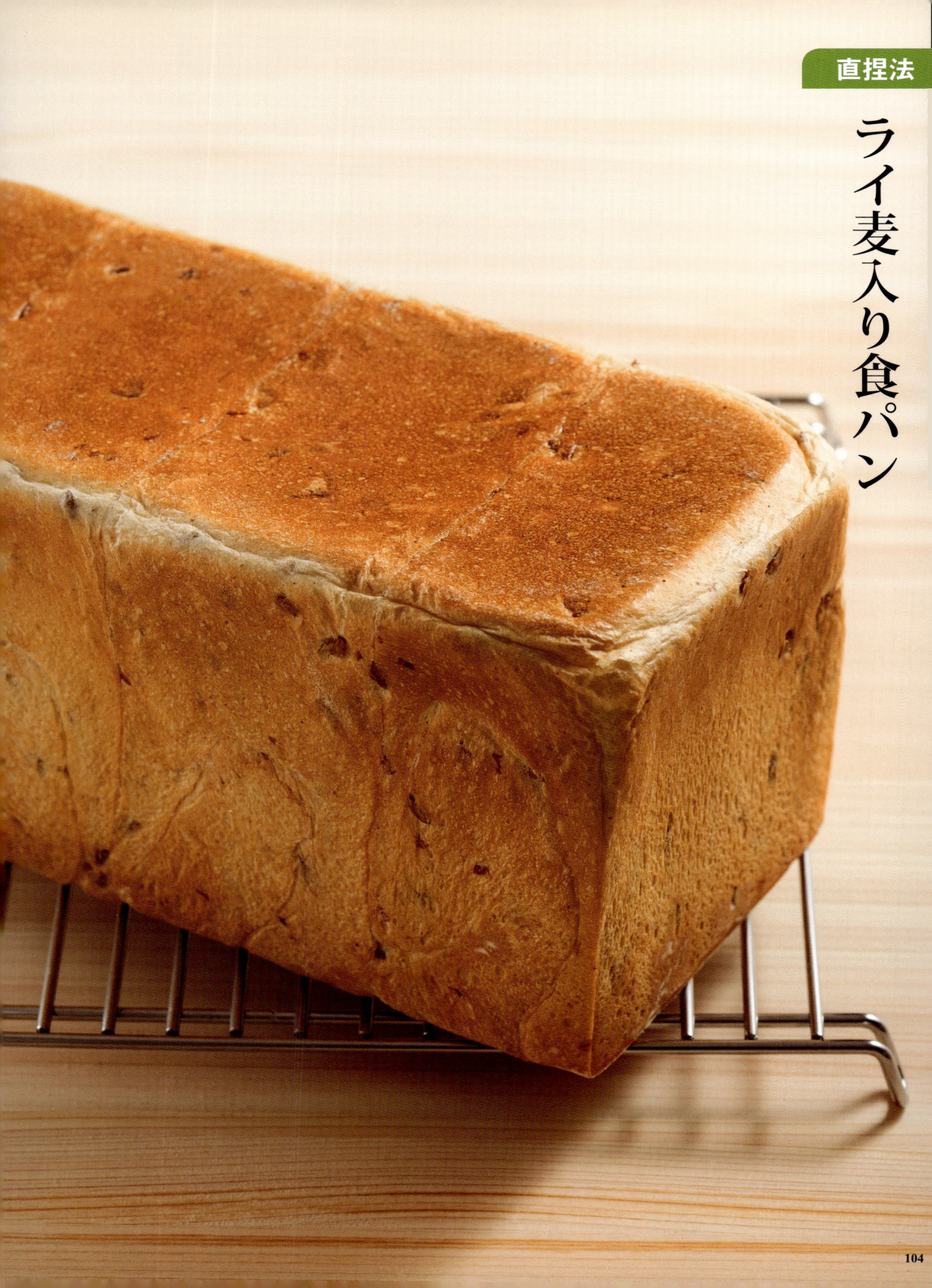

直捏法

ライ麦入り食パン

ライ麦パンと言えばライ麦粉を捏ねたパンを思い浮かべますが、粒の食感のあるほうが日本人の好みに合っていると思い、ライ麦粒を混ぜ込みました。生地にサワー種を入れると味わいが豊かになります。さらに、ライ麦と相性のよいキャラウェイで、清涼感と甘い香りを加えました。

ライ麦入り食パン

ライ麦粉は配合せず、ライ麦粒とサワー種を混ぜ込みました。

ライ麦粒は熱加工した製品を使いましたが、自分で煮る場合、やわらかく煮過ぎると混ぜ込み時につぶれてしまうので気をつけてください。前日に仕込み、冷蔵しておくとよいでしょう。冷たいまま生地に加えると生地の温度が下がりますので、適温に調整し、ほぐして使います。

ライ麦のパンには、サワー種を加えないと風味が物足りなくなります。ライ麦粉を長時間発酵させたサワー種は、強い酸味と香りでライ麦パンの風味を深めます。このサワー種を粉末にした製品が便利です。

使用した型
容積約3825mℓの2斤型

比容積…………………… 3.6

※比容積、生地量についてはP11、各数値の算出方法はP15参照

材料	ベーカーズパーセント（%）	3kg仕込みの使用量（g）
強力粉	100%	3000g
上白糖	6%	180g
食塩	2%	60g
FMP	0.3%	9g
生イースト	3%	90g
バター	4%	120g
ショートニング	2%	60g
水	71%	2130g
サワー種（パウダー）	2%	60g
キャラウェイ（パウダー）	0.2%	6g
ライ麦（煮たもの）	30%	900g
TOTAL	220.5%	

キャラウェイ（パウダー）
セリ科の植物の種子で、清涼感と甘い香りが特徴。粉末にしたものを使用。

サワー種（パウダー）
ライ麦粉に水を加えて発酵させた酸味と香りが強い種。これを乾燥させて粉末にした製品が販売されている。ライ麦パンの風味をよくするために使う。

強力粉
タンパク質……12.0%
灰分… 0.38 ～ 0.40%

ライ麦（煮たもの）
全粒ライ麦に水を加えて加熱し、可食状態にして使う。
アロマライ（三和フーズ）を使用。ドイツ産ライ麦に砂糖を加えて熱加工した製品。

POINT
生地に加える前に温度調整しておく。

材料

参考 基本の食パン「直捏法」→P18

ミキシング

ミキサーボウルにバターとショートニング、ライ麦以外の材料を入れる。

POINT イーストは、砂糖、塩に触れないように入れる。

ピックアップステージ	低速3分
クリーンアップステージ	低中速2分 **⬇バターとショートニングを投入**
ディベロップメントステージ	低速3分 低中速4分
ファイナルステージ	中高速1分 **⬇ライ麦を投入** 低速2分 捏上温度 27℃

POINT 水分が粉に入りきったところ（水切れ段階）でバターとショートニングを加える。

POINT 生地温度を確認しながら進める。

生地がつながってつやが出たらライ麦を加える。つぶさないように低速で混ぜる。

フロアタイム（1次発酵）

50分

温度28℃・湿度70%

フロアタイム後

分割・丸め

分割重量…265g

※3825mℓ（型）÷3.6（比容積）÷4（玉）

POINT

ガスを抜かないように、やさしく丸める。

ベンチタイム

20分

成形

麺棒成形

型1台につき4玉を入れる

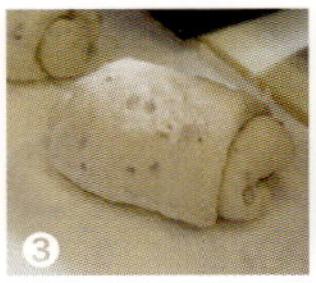

ガスを抜き、麺棒でだ円にのばし、三つ折りにしたら（①）90度回転させて麺棒で平らにし（②）、手前から巻く（③）。

両端に1玉ずつ入れてから残りを入れる。

POINT 力をかけると生地の目が詰まりクラストが厚くなるので、やさしく行う。

ホイロ（最終発酵）

55分

温度36℃・湿度75～80%

ホイロ後

POINT

型の80%くらいまで発酵させる。

焼成

上火195℃・下火210℃

42分（スチームなし）

焼成前

蓋をする。

焼成後

型から出す。

全粒粉入り・天然酵母の食パン

中種法　全粒粉入り・天然酵母の食パン

「独自製法による『天然酵母食パン』」（48ページ）に全粒粉を加えました。ベーカーズパーセント５％ですが、全粒粉によって風味が増し、小麦らしさが引き立ちます。

山食　中種法

全粒粉入り・天然酵母の食パン

全粒粉は細かく挽いたエグ味のないものを選んでいます。粒が大きいとナチュラル感が出てそれはそれでよいのですが、この天然酵母の食パンは全粒粉が主役ではなく、天然酵母の風味に小麦の風合いを加えるイメージなので、細挽きの口当たりのよいものを使いました。全粒粉は中種には入れず、本捏に入れます。中種の発酵を妨げないようにするためです。全粒粉を配合すると膨らみにくくなりますので、その分をバイタルグルテンを加えて補います。

砂糖入りの配合なのにモルトパウダーも加えているのは、焼き色がつきにくい生地だからです。

使用した型

容積約3825mℓの2斤型

比容積……………………3.5

※比容積、生地量についてはP11、各数値の算出方法はP15参照

材料	ベーカーズパーセント（%）	3kg仕込みの使用量（g）
●天然酵母の中種		
強力粉	70%	2100g
FMP	0.3%	9g
天然酵母元種	5%	150g
水	35%	1050g
●本捏		
強力粉	25%	750g
全粒粉	5%	150g
バイタルグルテン	0.5%	15g
上白糖	5%	150g
食塩	1.8%	54g
粉乳	2%	60g
モルトパウダー	0.2%	6g
バター	6%	180g
天然酵母元種	20%	600g
水	3%	90g
TOTAL	178.8%	

天然酵母元種
天然酵母種、天然酵母用ミックスジュース、水を混ぜ合わせて酵母を培養したもの。詳細はP51参照。

天然酵母の中種
材料の一部を使って作った天然酵母の発酵種。詳細はP51参照。

強力粉
タンパク質……12.0%
灰分… 0.38～0.40%

バイタルグルテン
小麦粉から抽出したグルテンを乾燥させて粉末にしたもの。

モルトパウダー
麦芽の粉末。麦芽糖が酵母の発酵を促進する。パンの色付きもよくなる。

全粒粉
粒度を細かく揃えた強力全粒粉。
FH全粒粉（日本製粉）

材料

●天然酵母の中種

参照 独自製法による「天然酵母食パン」●天然酵母の中種 →P51

ミキシング

ミキサーボウルに材料を入れる
低速3分
低中速1分
捏上温度 25℃

POINT 本捏があるので捏ね過ぎない。

発酵

25～27℃の室内または発酵室に一晩（16時間）おく

●本捏

ミキシング

ミキサーボウルにバター以外の材料を入れる。

POINT 天然酵母元種の水分があるので、生地の状態を見て水の量を調整する。

ピックアップステージ	低速2分
クリーンアップステージ	低中速2分 ⬇バターを投入
ディベロップメントステージ	低速2分 低中速2分
ファイナルステージ	中高速1分 捏上温度 28℃

POINT 水分が粉に入りきったところ（水切れ段階）でバターを加える。

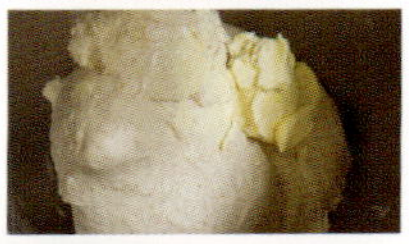

POINT 生地温度を確認しながら進める。

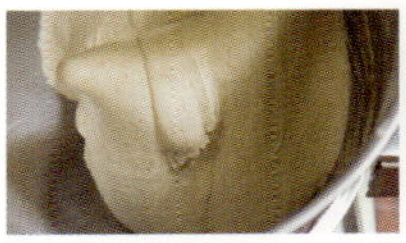

フロアタイム（1次発酵）

120分 温度28℃・湿度70%
パンチ ガス抜き（三つ折り2回）
30分 温度28℃・湿度70%

POINT 生地が弱いのでパンチを入れてコシをつける。

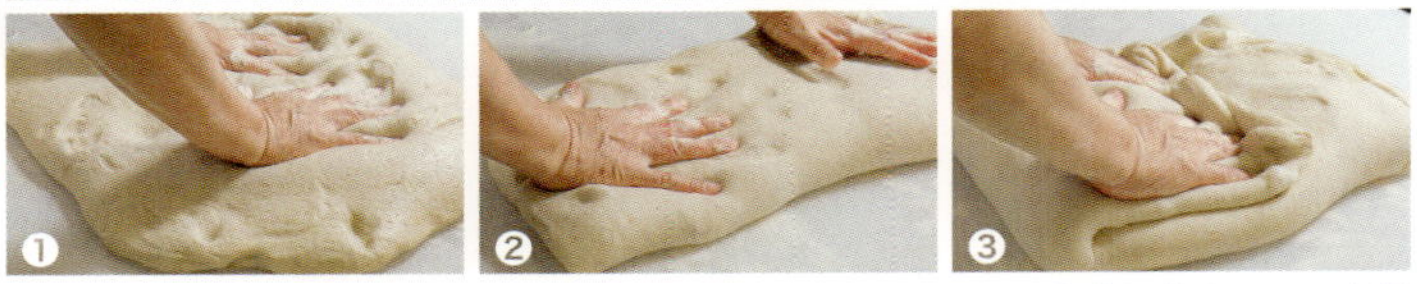

120分経ったところでパンチをする。打ち粉をした台の上に番重を逆さにして生地を取り出し、押し広げてガスを抜く（①）。生地を左右から三つ折りし（②）、さらに前後から三つ折りして（③）番重に入れ、発酵室に戻す。

分割・丸め

分割重量…275g
※3825mℓ（型）÷3.5（比容積）÷4（玉）

POINT ガスを抜かないように、やさしく丸める。

ベンチタイム

30分

成形

手丸め
型1台につき4玉を入れる

ガスを軽く抜き、生地を4つに折りたたみ（①②）、とじ目を下に入れながら丸め、表面を張らせて（③）俵形にする。

両端に1玉ずつ入れてから残りを入れる。

POINT 力をかけると生地の目が詰まりクラストが厚くなるので、やさしく行う。

ホイロ（最終発酵）

90分 温度38℃・湿度75～80%

POINT 型の口から1cm下の高さまで発酵させる。

焼成

上火185℃・下火210℃
42分（スチームなし）

焼成
スチームを入れる。（スチーム機能がない場合は霧吹きする。）

焼成後
型から出し、表面にバター（分量外）を塗る。

直捏法

11種のグレイン入り食パン

直捏法

11種のグレイン入り食パン

スローフードや健康への意識の高まりで、穀物、雑穀が見直されています。大麦、オーツ麦、ライ麦、とうもろこし、ひえ、粟、米など11種を混ぜ込み、栄養と繊維をとり入れられる食パンにしました。はちみつで自然な甘味を加えています。

角食　直捏法

11種のグレイン入り食パン

グレイン（穀物、雑穀）は好みの種類でよいですが、本書では、麦、米、とうもろこしなど11種の全粒グレインを熱加工した製品を使いました。自分で準備する場合、水洗いしたグレインを煮て、冷ましておきます。やわらかくし過ぎないように注意してください。前日に仕込んで冷蔵保存しておくとよいでしょう。使う際には、しばらく室温においたりオーブンで軽く温めるなどして生地に加えるのに適した温度に調整し、ほぐして使います。全粒グレインは栄養が豊富ですが、表皮ごとなので風味がよいとは言えません。はちみつで自然な風味と甘味をつけて、食べやすくしました。

使用した型

容積約3825mℓの2斤型

比容積……3.6

※比容積、生地量についてはP11、各数値の算出方法はP15参照

材料	ベーカーズパーセント（%）	3kg仕込みの使用量（g）
強力粉	100%	3000g
上白糖	4%	120g
食塩	1.8%	54g
粉乳	2%	60g
FMP	0.3%	9g
生イースト	3%	90g
バター	4%	120g
ショートニング	2%	60g
水	70%	2100g
はちみつ	6%	180g
グレイン（11種、煮たもの）	30%	900g
TOTAL	223.1%	

グレイン（11種、煮たもの）

グレイン（grain）は穀物、雑穀のこと。全粒グレインに水を加えて加熱し、可食状態にしてから使う。

クックド・11グレイン（三和フーズ）を使用。全粒雑穀11種（ライ麦、大麦、赤米、とうもろこし、ひまわりの種、オーツ麦、もち麦、ひえ、きび、粟、米）を熱加工した製品。

POINT

生地に加える前に温度調整しておく。

強力粉

タンパク質……12.0%

灰分… 0.38～0.40%

材料

材料の主なお問合せ先→P202

参考 基本の食パン「直捏法」→P18

ミキシング

ミキサーボウルにバターとショートニング、グレイン以外の材料を入れる。

ピックアップステージ	低速3分
クリーンアップステージ	低中速1分 ⬇バターとショートニングを投入
ディベロップメントステージ	低速3分 低中速4分
ファイナルステージ	中高速2分 ⬇グレインを投入 低速1分

捏上温度 27℃

POINT イーストは、砂糖、塩に触れないように入れる。

POINT 水分が粉に入りきったところ（水切れ段階）でバターとショートニングを加える。

POINT 生地温度を確認しながら進める。

生地がつながってつやが出たらグレインを加える。つぶさないように低速で混ぜる。

フロアタイム（1次発酵）

50分
温度28℃・湿度70%

フロアタイム後

分割・丸め

分割重量…265g
※3825mℓ（型）÷3.6（比容積）÷4（玉）

POINT ガスを抜かないように、やさしく丸める。

ベンチタイム

20分

ベンチタイム後

成形

麺棒成形
型1台につき4玉を入れる

ガスを抜き、麺棒でだ円にのばし、三つ折りにしたら（①）90度回転させて麺棒で平らにし（②）、手前から巻く（③）。

両端に1玉ずつ入れてから残りを入れる。

POINT 力をかけると生地の目が詰まりクラストが厚くなるので、やさしく行う。

ホイロ（最終発酵）

45～55分
温度36℃・湿度75～80%

ホイロ後

POINT 型の80%くらいまで発酵させる。

焼成

上火195℃・下火210℃
42分（スチームなし）

焼成前
蓋をする。

焼成後
型から出す。

米粉入り食パン

ポーリッシュ法

米粉入り食パン

米粉を20％配合しました。20％というと少ないようですが、クラムの口溶けの印象が変わり、風味がやさしくなります。ポーリッシュ種で旨味を加えています。

山食

ポーリッシュ法

米粉入り食パン

米粉にはグルテンやグルテン同様の性質をもつタンパク質がないため、米粉を配合することで粉全体のグルテン量が少なくなります。その分をバイタルグルテンで補ってボリュームダウンしないようにしています。

米粉を使ったパンは旨味が出にくいものです。旨味の成分は、生地が発酵する際に乳酸菌の発酵で作られるアミノ酸や有機酸ですから、ルヴァンリキッドやポーリッシュ種、風味改良素材の乳酸発酵米パウダー（80ページ参照）などを加えるとおいしくなります。本書では、ポーリッシュ種を加えました。

使用した型

容積約3825mℓの2斤型

比容積…………………… 3.8

※比容積、生地量についてはP11、各数値の算出方法はP15参照

材料	ベーカーズパーセント（%）	3kg仕込みの使用量（g）
●ポーリッシュ種		
強力粉	20%	600g
FMP	0.3%	9g
生イースト	0.5%	15g
水	25%	750g
●本捏		
強力粉	60%	1800g
米粉	20%	600g
バイタルグルテン	2%	60g
上白糖	6%	180g
食塩	2%	60g
粉乳	2%	60g
FMP	0.3%	9g
生イースト	3%	90g
バター	4%	120g
ショートニング	2%	60g
水	46%	1380g
TOTAL	193.1%	

ポーリッシュ種の材料

ポーリッシュ種

前日に仕込み、一晩（14～16時間）冷蔵する。

米粉

うるち米を製粉したものを使用。

強力粉

タンパク質……12.0%

灰分… 0.38～0.40%

バイタルグルテン

小麦粉から抽出したグルテンを乾燥させて粉末にしたもの。

材料

材料の主なお問合せ先→P202

●ポーリッシュ種

参照 基本の食パン「ポーリッシュ法」●ポーリッシュ種 →P36

仕込み

材料を混ぜ合わせる　捏上温度 25℃

発酵

室温に2時間おく

POINT 最大限に発酵させる。

熟成

冷蔵庫に一晩（14～16時間）おく

POINT 熟成させ過ぎて酸っぱくならないように気をつける。

●本捏

ミキシング

ミキサーボウルにバターとショートニング以外の材料を入れる。

ピックアップステージ	低速3分
クリーンアップステージ	低中速2分 ⬇バターとショートニングを投入
ディベロップメントステージ	低速3分 低中速3分
ファイナルステージ	中高速2分 捏上温度 28℃

POINT イーストは、砂糖、塩に触れないように入れる。

POINT 水分が粉に入りきったところ（水切れ段階）でバターとショートニングを加える。

POINT 生地温度を確認しながら進める。

フロアタイム（1次発酵）

60分　温度28℃・湿度70％

分割・丸め

分割重量…250g

※3825mℓ（型）÷3.8（比容積）÷4（玉）

POINT ガスを抜かないように、やさしく丸める。

ベンチタイム

20分

成形

手丸め

型1台につき4玉を入れる

ガスを軽く抜き（①）、生地を4つに折りたたみ（②）、とじ目を下に入れながら丸め、表面を張らせて（③）俵形にする。

両端に1玉ずつ入れてから残りを入れる。

POINT 力をかけると生地の目が詰まりクラストが厚くなるので、やさしく行う。

ホイロ（最終発酵）

45～55分

温度38℃・湿度75～80％

ホイロ後

POINT 型の口から1cm下の高さまで生地を発酵させる。

焼成

上火190℃・下火210℃

40分（スチームなし）

焼成後

型から出し、表面にバター（分量外）を塗る。

黒米入り食パン

直捏法
黒米入り食パン

古代米の黒米を生地に練り込みました。アントシアニンを多く含むので、美しい赤紫色になります。しっとり感ともっちり感のある、日本人好みの食感です。

角食　直捏法

黒米入り食パン

黒米は、炊いたものとパウダーを使用します。炊いた黒米を混ぜただけではせっかくの美しい色が生地につかないため、パウダーで色付けします。黒米に含まれるアントシアニン系の紫黒色素は、酸にふれると赤く変色しますから、生地が発酵して酸性に傾くときれいな赤紫色に変わります。粒状の黒米は熱加工した製品を使いましたが、自分で炊く場合は、表皮がかたいので圧力釜を使うとよいでしょう。前日に炊いて冷蔵保存しておくと便利です。使う際は冷たいままではなく、生地に混ぜるのに適した温度に調整します。

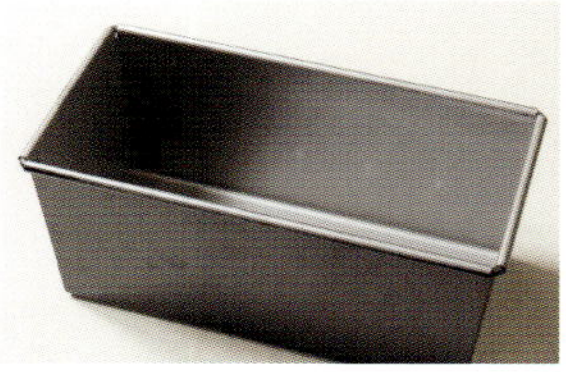

使用した型
容積約3825mℓの2斤型

比容積……………………3.5

※比容積、生地量についてはP11、各数値の算出方法はP15参照

材料	ベーカーズパーセント（%）	3kg仕込みの使用量（g）
強力粉	100%	3000g
上白糖	5%	150g
食塩	2%	60g
FMP	0.3%	9g
生イースト	3%	90g
バター	4%	120g
ショートニング	2%	60g
水	69%	2070g
黒米パウダー	5%	150g
黒米（炊いたもの）	25%	750g
TOTAL	215.3%	

POINT
生地に入れる前に温度調整しておく。

黒米（炊いたもの）
アントシアニン系の紫黒色素を含む米。玄米のように炊いてから使う。
クロゲンNJ（三和フーズ）を使用。国産黒米に砂糖を加えて熱加工した製品。

強力粉
タンパク質……12.0%
灰分… 0.38～0.40%

黒米パウダー
黒米を製粉したもの。
黒龍J（三和フーズ）を使用。国産もち米の黒米を製粉したもの。

材料

参考 基本の食パン「直捏法」→P18

ミキシング

ミキサーボウルにバターとショートニング、黒米（炊いたもの）以外の材料を入れる。

ピックアップステージ	低速3分
クリーンアップステージ	低中速1分 ⬇バターとショートニングを投入
ディベロップメントステージ	低速2分 低中速3分
ファイナルステージ	中高速4分 ⬇黒米（炊いたもの）を投入 低速2分 捏上温度 27℃

POINT イーストは、砂糖、塩に触れないように入れる。

POINT 水分が粉に入りきったところ（水切れ段階）でバターとショートニングを加える。

POINT 生地温度を確認しながら進める。

生地がつながってつやが出たら黒米を加える。つぶさないように低速で混ぜる。

フロアタイム（1次発酵）

60分

温度28℃・湿度70%

フロアタイム後

分割・丸め

分割重量…270g

※3825mℓ（型）÷3.5（比容積）÷4（玉）

POINT

ガスを抜かないように、やさしく丸める。

ベンチタイム

20分

ベンチタイム後

成形

麺棒成形

型1台につき4玉を入れる

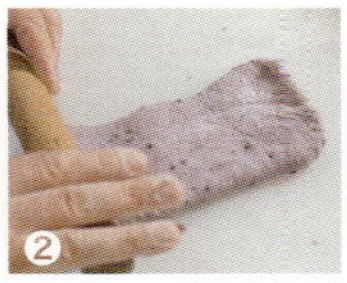

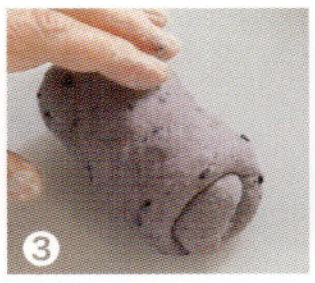

ガスを抜き、麺棒でだ円にのばし、三つ折りにしたら（①）90度回転させて麺棒で平らにし（②）、手前から巻く（③）。

両端に1玉ずつ入れてから残りを入れる。

POINT 力をかけると生地の目が詰まりクラストが厚くなるので、やさしく行う。

ホイロ（最終発酵）

40～45分

温度36℃・湿度75～80%

ホイロ後

POINT

型の80%くらいまで発酵させる。

焼成

上火195℃・下火210℃

42分（スチームなし）

焼成前

蓋をする。

焼成後

型から出す。

直捏法

国産雑穀入り食パン

表皮も食べる雑穀は安心して口にできる国産に注目が集まっています。探してみると、近隣の土地で栽培された穀物や雑穀がいろいろと手に入るものです。この食パンには、国産の穀物・雑穀８種を混ぜ込みました。

山食　直捏法

国産雑穀入り食パン

最近は、「道の駅」などで地元産の作物を知ることができます。本書では、三重県の道の駅で見つけた8種の米と雑穀をミックスした製品を使いました。水洗いしてから1時間ほど浸水し、白米を炊く要領で炊きます。前日に炊いて冷蔵しておき、使う際には、生地に混ぜ込むのに適した温度に調整し、ほぐしておきます。

材料	ベーカーズパーセント（%）	3kg仕込みの使用量（g）
強力粉	100%	3000g
上白糖	5%	150g
食塩	2%	60g
粉乳	2%	60g
FMP	0.3%	9g
生イースト	3%	90g
バター	4%	120g
ショートニング	2%	60g
水	68%	2040g
国産雑穀（8種、炊いたもの）	25%	750g
TOTAL	211.3%	

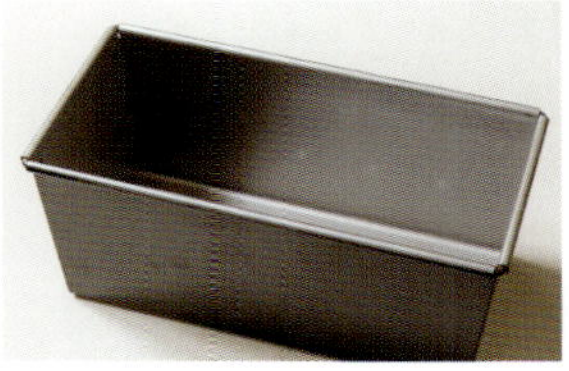

使用した型

容積約3825mℓの2斤型

比容積……………… 3.7

※比容積、生地量についてはP11、各数値の算出方法はP15参照

POINT

生地に入れる前に温度調整しておく。

国産雑穀（8種、炊いたもの）

丸麦、きび、粟、ひえ、もち米、赤米、黒米、みどり米を合わせて炊いたもの。白米を炊く要領で鍋でも炊ける。

強力粉

タンパク質……12.0%

灰分… 0.38 ～ 0.40%

材料

参考 基本の食パン「直捏法」→P18

ミキシング

ミキサーボウルにバターとショートニング、国産雑穀以外の材料を入れる。

ステージ	
ピックアップステージ	低速3分
クリーンアップステージ	低中速3分 ⬇バターとショートニングを投入
ディベロップメントステージ	低速3分 低中速4分
ファイナルステージ	中高速4分 ⬇国産雑穀を投入 低速1～2分

捏上温度 27℃

POINT イーストは、砂糖、塩に触れないように入れる。

POINT 水分が粉に入りきったところ（水切れ段階）でバターとショートニングを加える。

POINT 生地温度を確認しながら進める。

生地につやが出て捏ね上がったら国産雑穀を加え、つぶさないように低速で混ぜる。

フロアタイム（1次発酵）

50分
温度28℃・湿度70%

フロアタイム後

分割・丸め

分割重量…260g
※3825mℓ（型）÷3.7（比容積）÷4（玉）

POINT ガスを抜かないように、やさしく丸める。

ベンチタイム

20分

ベンチタイム後

成形

手丸め
型1台につき4玉を入れる

ガスを軽く抜き（①）、生地を4つに折りたたみ（②）、とじ目を下に入れながら丸め、表面を張らせて俵形にする（③）。

両端に1玉ずつ入れてから残りを入れる。

POINT 力をかけると生地の目が詰まりクラストが厚くなるので、やさしく行う。

ホイロ（最終発酵）

45～55分
温度36℃・湿度75～80%

ホイロ後

POINT 型の85%～型の口すれすれまで発酵させる。

焼成

上火175℃・下火200℃
42分（スチームなし）

焼成後
型から出し、表面にバター（分量外）を塗る。

胚芽入り食パン

小麦胚芽を混ぜ込みました。小麦粒の2％ほどにあたる胚芽は栄養成分が豊富で、特に若返りのビタミンといわれるビタミンEを多く含む点が注目されています。

山食 ポーリッシュ法

胚芽入り食パン

小麦胚芽はローストしたものを使用します。胚芽は酵素を多く含んでおりイーストの発酵を阻害するので、よくローストして酵素の活性を失わせておく必要があります。製品は、焼き色の濃いものを選んでください。栄養価の高い小麦胚芽ですが、独特の匂いがあり、生地の食感も悪くなります。風味をよくし、しっとり感を出すためにポーリッシュ種を使います。

なお、成形方法の一例としてモルダーを使用しましたが、手丸めのほうが自然な膨らみが得られます。

使用した型
容積約3700mℓの2斤型

比容積 …………………… 3.9

※比容積、生地量についてはP11、各数値の算出方法はP15参照

強力粉
タンパク質……12.0%
灰分… 0.38 ～ 0.40%

小麦胚芽（ロースト）
よく焼いたものを使用。粒状のもののほうが生地がだれにくい。

材料	ベーカーズパーセント（%）	3kg仕込みの使用量（g）
●ポーリッシュ種		
強力粉	20%	600g
FMP	0.3%	9g
生イースト	0.5%	15g
水	25%	750g
●本捏		
強力粉	75%	2250g
小麦胚芽（ロースト）	5%	150g
上白糖	5%	150g
食塩	2%	60g
粉乳	2%	60g
生イースト	2.5%	75g
バター	4%	120g
ショートニング	2%	60g
水	42%	1260g
TOTAL	185.3%	

●ポーリッシュ種

参照 基本の食パン「ポーリッシュ法」●ポーリッシュ種 →P36

ポーリッシュ種の材料

仕込み
材料を混ぜ合わせる　捏上温度 25℃

発酵
室温に2時間おく

POINT 最大限に発酵させる。

熟成
冷蔵庫に一晩（14 ～ 16時間）おく

POINT 熟成させ過ぎて酸っぱくならないように気をつける。

一晩経って種落ちした状態

●本捏

ミキシング

ミキサーボウルにバターとショートニング以外の材料を入れる。

ピックアップステージ	低速2分	POINT イーストは、砂糖、塩に触れないように入れる。
クリーンアップステージ	低中速1分 ⬇バターとショートニングを投入	POINT 水分が粉に入りきったところ（水切れ段階）でバターとショートニングを加える。
ティベロップメントステージ	低速2分 低中速4分	
ファイナルステージ	中高速2分 捏上温度 27℃	POINT 生地温度を確認しながら進める。

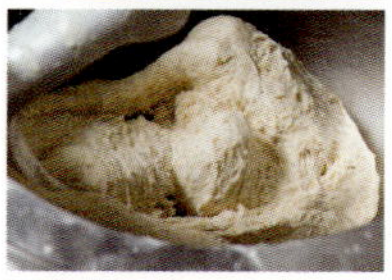

フロアタイム（1次発酵）

50分

温度28℃・湿度70%

フロアタイム後

分割・丸め

分割重量…240g

※3700mℓ（型）÷3.9（比容積）÷4（玉）

POINT

ガスを抜かないように、
やさしく丸める。

ベンチタイム

20分

成形

手丸め　または
モルダー成形2度がけ・最終4mm厚
型1台につき4玉を入れる

胚芽入り食パンはモルダー成形でなければいけないというわけではなく、成形方法の一例としてご紹介しました。「手成形とモルダー成形について」（P102）をご参照ください。

手丸めの場合

ガスを軽く抜き、生地を4つに折りたたみ、とじ目を下に入れながら丸め、表面を張らせて俵形にする。

型詰めは、両端に1玉ずつ入れてから残りを入れる。

POINT 力をかけると生地の目が詰まりクラストが厚くなるので、やさしく行う。

モルダー成形（2度がけ）の場合

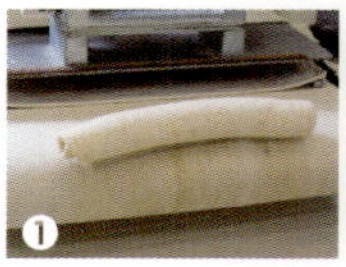

1度目は目盛を4mm厚より広くセットし、生地を通す（①）。
2度目は目盛を4mm厚にし、生地を縦向きに入れる（②③）。

両端に1玉ずつ入れてから残りを入れる。

注意 使用するモルダーによって調整が必要。
※本書ではオシキリ製のローラーが2つあるタイプを使用。

ホイロ（最終発酵）

45～55分

温度36℃・湿度75～80%

ホイロ後

POINT

型の口から1cm下の高さまで生地を発酵させる。

焼成

上火180℃・下火210℃

40分（スチームなし）

焼成後

型から出し、表面にバター（分量外）を塗る。

湯種法

コーン入り食パン

湯種法

コーン入り食パン

コーンミールとコーンのバターソテーを混ぜ込んだ、とうもろこしの風味が濃厚な食パンです。バターソテーに加えたブラックペッパーの爽やかな辛味がとうもろこしの甘味を引き立てます。

山食　湯種法

コーン入り食パン

ヨーロッパの製パンには、全粒粉のようにかたくてパサつく粉をやわらかくするために、水を混ぜて、あるいは煮て一晩以上おく方法があります。煮て一晩おく方法は、湯種法（38ページ）と同じです。コーンミールはそのまま使うとおいしくありませんが、湯種にするとでんぷんがα化して甘味が増し、しっとりします。ミキシング後の発酵も早まり、乳酸発酵による旨味成分が生成されやすくなります。コーンは缶詰を使います。実《み》はバターソテーにし、汁は捨てずに生地に練り込むと、風味が一層濃くおいしくなります。

コーン入り食パンは、焼成後もコーンの水分が残っておいしいですが、反面傷みやすくなります。通常より賞味期間が短いと考え、保管状態にも注意してください。

使用した型
容積約3825mℓの2斤型

比容積……………… 3.5

※比容積、生地量についてはP11、各数値の算出方法はP15参照

材料	ベーカーズパーセント（%）	3kg仕込みの使用量（g）
強力粉	100%	3000g
上白糖	5%	150g
食塩	2%	60g
粉乳	2%	60g
FMP	0.3%	9g
生イースト	3%	90g
マーガリン	6%	180g
水（コーンの缶汁を含む）	62%	1860g
コーンミール種※	20%	600g
コーン（ソテーしたもの）	30%	900g
TOTAL	230.3%	

コーン（ソテーしたもの）
コーンの缶詰をざるにあけ一晩おいて実と缶汁に分ける。実をバターで炒め、ブラックペッパーをふってバットに広げて冷ます。

POINT　コーンミール種は使う前に常温にし、コーンのソテーは冷ましておく。

※
コーンミール種
3倍量の水を加えて煮たコーンミールを一晩（16時間）ねかせたもの。仕込み方は湯種法と同じだが、パン全体の材料とは別に作った種を対粉20%配合するのは発酵種（P59）と同じ。

強力粉
タンパク質……12.0%
灰分… 0.38 ～ 0.40%

POINT　コーンの缶汁は、捨てずに生地に加える。

水とコーンの缶汁
コーンの缶汁を計量し、これに水を足して仕込み水の分量にする。

材料

●コーンミール種

参照 基本の食パン「湯種法」●湯種 →P40

仕込み

材料を合わせ、加熱しながらミキシングし、生地温度が75～90℃になるまで熱する

熟成

冷蔵庫に一晩（16時間）おく

●本捏

ミキシング

ミキサーボウルにマーガリン、コーン以外の材料を入れる。

ピックアップステージ	低速2分
クリーンアップステージ	低中速2分 ⬇マーガリンを投入
ディベロップメントステージ	低速3分 低中速4分
ファイナルステージ	中高速3分 ⬇コーンを投入 低速2分 捏上温度 27℃

POINT イーストは、砂糖、塩に触れないように入れる。

POINT 水分が粉に入りきったところ（水切れ段階）でマーガリンを加える。

POINT 生地温度を確認しながら進める。

生地につやが出て捏ね上がったらコーンを加え、つぶさないように低速で混ぜる。

フロアタイム（1次発酵）

50分 温度28℃・湿度70%

分割・丸め

分割重量…275g

※3825mℓ（型）÷3.5（比容積）÷4（玉）

POINT ガスを抜かないように、やさしく丸める。

ベンチタイム

20分

成形

手丸め

型1台につき4玉を入れる

ガスを軽く抜き（①）、生地を4つに折りたたみ（②）、とじ目を下に入れながら丸め、表面を張らせて俵形にする（③）。

両端に1玉ずつ入れてから残りを入れる。

POINT 力をかけると生地の目が詰まりクラストが厚くなるので、やさしく行う。表面にコーンが出ていたら中に入れる（焦げて苦くなるため）。

ホイロ（最終発酵）

50分

温度36℃・湿度75～80%

ホイロ後

POINT 型の85%～型の口すれすれまで発酵させる。表面にコーンが出ていたら中に入れる。

焼成

上火200℃・下火220℃

40分（スチームなし）

焼成後 型から出し、表面にバター（分量外）を塗る。

粗挽きふすまを加えた小麦粉「ブラウワー」入り食パン

ポーリッシュ法

粗挽きふすまを加えた小麦粉「ブラウワー」入り食パン

全粒粉の栄養素を含みながらも雑味がない粗挽きの小麦ふすま入り強力粉と、パン用で最高評価を得ているカナダ産小麦を主体にした強力粉を使って、香ばしくふんわりとした山食パンを焼き上げました。食物繊維も豊富です。

粗挽きふすまを加えた小麦粉「ブラウワー」入り食パン

小麦粒を丸ごと挽き込んで全粒粉にすると、深い粒溝部分の雑味が入りやすくなります。この問題を解決するため、雑味を除いた表皮（ふすま）部分と胚乳、胚芽部分を別々に製粉して全粒粉と同じ比率でミックスしたのが「ブラウワー」（木下製粉㈱）という製法特許の小麦粉です。本書では粗挽きふすま入りのものを使用しました。香りもよく、また食物繊維やビタミン、ミネラルも豊富で味わい深い食パンに仕上がります。この粉だけでも作ることができますが、店頭で販売する場合の幅広い客層への対応も考慮して、「ブラウワー」30％、強力粉70％のソフトな味わいの食パンに仕上げました。

胚乳と表皮を別々に処理する特許製法

粗挽き小麦ふすま配合の強力粉

ブラウワー

タンパク質　11.8%
灰分　0.67%
製造特許第5568335号

全粒粉の定義を見直し、小麦を部位別に製粉してから、胚乳・表皮（ふすま）・胚芽の割合を合わせて再構成した小麦ふすま入り強力粉。胚乳と表皮を別々に処理することで雑味の原因である粒溝部分（クリーズ）を取り除いています。第6の栄養素として注目される食物繊維と現代の食生活に欠かせないビタミンやミネラルを豊富に含む小麦ふすまの配合により、小麦本来の風味が楽しめます。粗挽きふすま入りの「ブラウワー」（全粒粉50%相当）と「ブラウワーライト」（全粒粉30%相当）、微粉砕ふすま入りの「ブラウワー全粒粉」と「ブラウワーファイン」（全粒粉50%相当）があり、いずれも100%使用でも、それぞれ特徴あるパンが焼き上がります。

木下製粉株式会社

香川県坂出市高屋町1086-1
電話　0877-47-0811
http://www.flour.co.jp
info@flour.co.jp

ひまわり
タンパク質　12.5%
灰分　0.37%

本書では、「ブラウワー」と同じく木下製粉の強力粉「ひまわり」を合わせて焼き上げました。「ひまわり」は現在パン用小麦粉として最も評価が高いカナダ1CW（No.1 Canada Western）を主体とし、胚乳部分をバランスよく取り出した強力粉です。

材料

	ベーカーズパーセント（%）	3kg仕込みの使用量（g）
●ポーリッシュ種		
ふすま入り強力粉「ブラウワー」	20%	600g
FMP	0.3%	9g
生イースト	0.5%	15g
水	25%	750g
●本捏		
強力粉「ひまわり」	70%	2100g
ふすま入り強力粉「ブラウワー」	10%	300g
上白糖	5%	150g
食塩	1.8%	54g
粉乳	2%	60g
生イースト	2.5%	75g
バター	6%	180g
水	44%	1320g
TOTAL	187.1%	

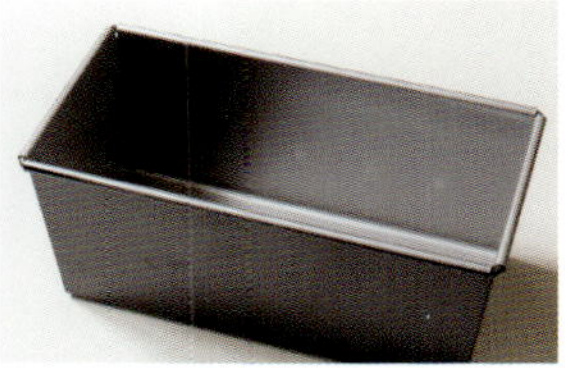

使用した型
容積約3825mℓの2斤型

比容積……………………3.9

※比容積、生地量についてはP11、
各数値の算出方法はP15参照

粉全体のタンパク質　12.29%
{(ふすま入り強力粉11.8%×ベーカーズパーセント30%)
＋(強力粉12.5%×ベーカーズパーセント70%)}÷100
＝12.29%

材料

粗挽きふすま入り強力粉
タンパク質……11.8%
灰分……………0.67%
ブラウワー（木下製粉）

強力粉
タンパク質……12.5%
灰分……………0.37%
ひまわり（木下製粉）

ポーリッシュ種
前日に仕込み、一晩（14～16時間）冷蔵する。

POINT
ポーリッシュ種にも粗挽きふすま入り強力粉「ブラウワー」を使用し、粉の特徴を活かす。

●ポーリッシュ種

参照 基本の食パン「ポーリッシュ法」●ポーリッシュ種 →P36

仕込み
材料を混ぜ合わせる　捏上温度 25℃

発酵
室温に2時間おく

POINT 最大限に発酵させる。

熟成
冷蔵庫に一晩（14～16時間）おく

POINT 熟成させ過ぎて酸っぱくならないように気をつける。

一晩経って種落ちした状態

●本捏

ミキシング

ミキサーボウルにバター以外の材料を入れる。

POINT イーストは、砂糖、塩に触れないように入れる。

ピックアップステージ	低速3分
クリーンアップステージ	低中速2分 ⬇バターを投入
ディベロップメントステージ	低速2分 低中速4分
ファイナルステージ	中高速2分 捏上温度 27℃

POINT 水分が粉に入りきったところ（水切れ段階）でバターを加える。

POINT 生地温度を確認しながら進める。

フロアタイム（1次発酵）

50分　温度28℃・湿度70%

パンチ　ガス抜き（三つ折り2回）

25分　温度28℃・湿度70%

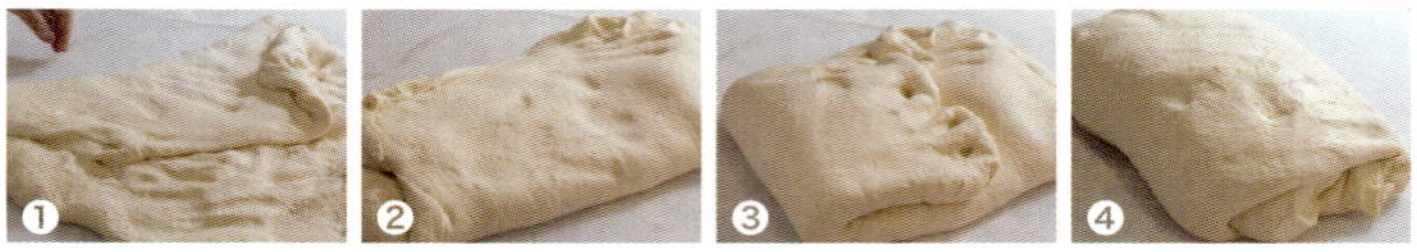

発酵室から生地を取り出し、作業台に出す。生地を押し広げてガスを軽く抜き、横から2/3のところまで折り（①）、反対側から生地端まで折る（②）。次に手前から2/3のところまで折り（③）、向こう側から生地端まで折ったらとじ目を下にして（④）、番重に入れて発酵室に戻す。

分割・丸め

分割重量…245g

※3825mℓ（型）÷3.9（比容積）÷4（玉）

POINT

ガスを抜かないように、やさしく丸める。

ベンチタイム

20分

成形

手丸め

型1台につき4玉を入れる

ガスを軽く抜き、生地を4つに折りたたみ（①）、とじ目を下に入れながら丸め（②）、表面を張らせて俵形にする（③）。

両端に1玉ずつ入れてから残りを入れる。

POINT 力をかけると生地の目が詰まりクラストが厚くなるので、やさしく行う。

ホイロ（最終発酵）

60分

温度38℃・湿度80%

ホイロ後

POINT

型の90%くらいまで発酵させる。

焼成

上火180℃・下火210℃

43分（スチームなし）

焼成後

型から出し、表面にバター（分量外）を塗る。

第4章

アレンジ系食パン

——食パンの世界をぐんと広げる——

デニッシュ食パン

直捏法　デニッシュ食パン

ミルク風味のマーガリンを生地に折り込み、風味は豊かに、後味はあっさりとした食べやすいデニッシュ食パンに仕上げました。

飽きのこないおいしさです。

角食　直捏法

デニッシュ食パン

食パンはボリュームがあるので、通常のデニッシュ・ペストリーよりも油脂を減らしてあっさりした味にし、温度管理が難しいバターをマーガリンに替えて生地を安定させました。バターは風味はよいのですが、原料となる牛乳の成分、あるいは生産地の気温や製造時期などにより同じ製品でも品質が一定ではなく、融点などの温度帯が微妙に変わります。その点、マーガリンは加工品なので成分も温度帯も一定で、温度管理しやすいのが利点です。折り込みにはシート状に加工されたシートマーガリンが便利です。本書では、デニッシュによく合うミルク風味の製品を使用しました。

使用した型

容積約3700mℓの2斤型

比容積……………………4.2

※比容積、生地量についてはP11、各数値の算出方法はP15参照

材料	ベーカーズパーセント（%）	3kg仕込みの使用量（g）
強力粉	90%	2700g
薄力粉	10%	300g
上白糖	8%	240g
食塩	2%	60g
粉乳	3%	90g
FMP	0.3%	9g
生イースト	3.5%	105g
マーガリン	8%	240g
全卵	8%	240g
水	57%	1710g
TOTAL	189.8%	

シートマーガリン…………（生地2500gに）500g（1枚）

粉全体のタンパク質　11.6%

{(強力粉12.0%×ベーカーズパーセント90%)＋(薄力粉8.0%×ベーカーズパーセント10%)}÷100＝11.6%

強力粉	薄力粉
タンパク質……12.0%	タンパク質……　8.0%
灰分… 0.38～0.40%	灰分… 0.38～0.40%

シートマーガリン

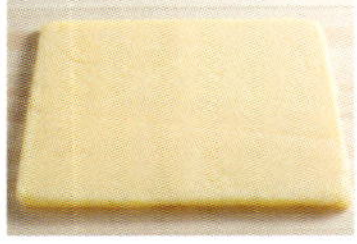

シート状に加工されたマーガリン。折り込みに便利。

アートピアスイートミルク（不二製油）を使用。1枚500g。ミルク風味のファットスプレッドをシート状にした製品。

生地の材料

ミキシング

ミキサーボウルにマーガリン以外の生地の材料を入れる。

POINT イーストは、砂糖、塩に触れないように入れる。

ピックアップステージ	低速2分
クリーンアップステージ	中速3分 ⬇マーガリンを投入
ディベロップメントステージ	低速2分 中速5分
ファイナルステージ	中高速3分 捏上温度 26℃

POINT 水分が粉に入りきったところ（水切れ段階）でマーガリンを加える。

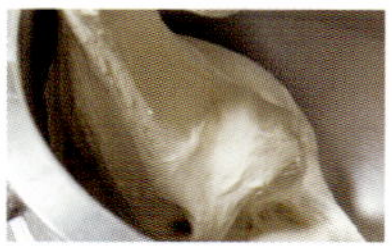

POINT この後リバースシーターにかけてのばすことがミキシング作用にもなるので、生地を捏ね過ぎないように注意する。

フロアタイム（1次発酵）

60分 温度28℃・湿度70%

フロアタイム後

分割・丸め

分割重量…2500g

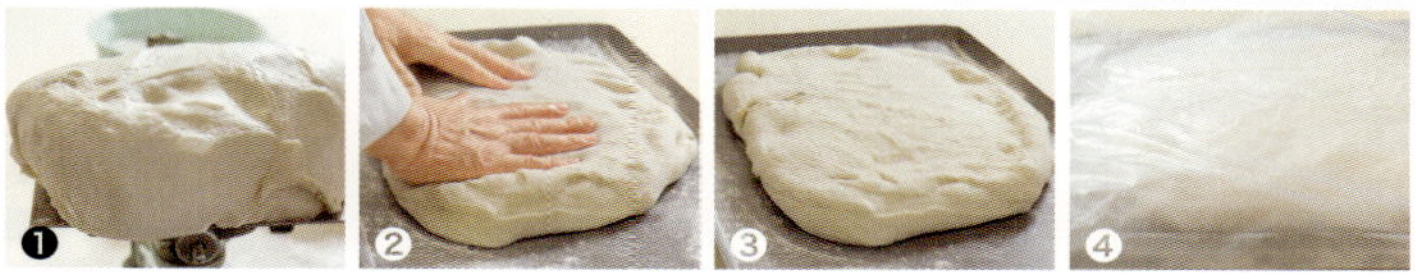

分割した生地（①）を軽く丸め、天板にのせて平らにし（②③）、乾燥防止のビニールをかぶせる（④）。

冷却・パンチ

冷却	60分	温度 −5℃
パンチ	ガス抜き	
冷却	90分	温度 −5℃

マイナス5℃で60分冷却した後（①）、生地を押してガスを抜き（②）、再びビニールをかぶせてマイナス5℃で90分冷却する。

POINT 生地がシートマーガリンと同じくらいのかたさになるまで冷やす。

折り込み

リバースシーターでマーガリンを折り込む
シートマーガリン…生地2500gにつき500g(1枚)

折り込み	三つ折り 2回	
冷却	30分	温度 −5℃
折り込み	三つ折り 1回	
冷却	60分	温度 −5℃

POINT
いきなり狭い幅に通すと生地にストレスがかかるので、リバースシーターの目盛は20mmくらいから始め、2mmずつ落とすとよい。

生地をシートマーガリンの幅×長さの2倍強にのばし、マーガリンをのせる（①）。生地の両端を真ん中で合わせてマーガリンを包み、生地をつまんでとじる（②）。

とじ目をリバースシーターの進行方向に向けて置き、シーターに2、3回かける。

POINT シートマーガリンは幅30cm×長さ24cmくらいにのばしておく。マーガリンが端まで入るように生地とマーガリンの幅をできるだけ揃える。

生地がある程度薄くなったら（④）三つ折りする（⑤）。折り目をシーターの進行方向に向けて置き、6～7mm厚まで数回かけてのばす。

6～7mm厚になったら2回目の三つ折りをする。天板にのせてビニールをかけ、マイナス5℃の庫内で30分冷却する。

（折り込みの続き）

冷却30分後の生地を、折り目をシーターの進行方向に向けて置く。再び目盛を20mm幅に戻して、3、4回に分けて少しずつのばし、生地を5～6mm厚にする（⑦⑧）。

5～6mm厚になったら三つ折りする。再び天板にのせてビニールをかぶせ、マイナス5℃の庫内で60分冷却する。

成形

5mm厚にのばす
分割重量…350g
三つ編み
型1台につき3玉を入れる

生地の折り目をシーターの進行方向に向けて置き（①）、目盛を20mm幅に戻して3、4回に分けて少しずつのばし、生地を5mm厚までのばす（②）。

350gずつにカットする。

1枚を縦3本にカットする（片方の端は切り離さないほうが作業しやすい）（④）。三つ編みして（⑤）、端から巻いて玉にする。

型に入れる。両端に1玉ずつ入れてから残りを入れる。

ホイロ（最終発酵）

120分
温度33℃・湿度80%

ホイロ後

POINT

低温で時間をかけて、型の80%くらいまで発酵させる。

焼成

上火175℃・下火200℃
55分（スチームなし）

焼成前

蓋をする。

焼成後

型から出す。

発酵種法

オレンジピール入りデニッシュ食パン

発酵種法

オレンジピール入りデニッシュ食パン

発酵種入りの生地にバターを折り込んだ風味のよいデニッシュに、オレンジピールとラム酒漬けレーズンを巻き込み、小さめの型で焼きました。ティーブレッドとしても楽しめます。

山食 発酵種法

オレンジピール入りデニッシュ食パン

通常の食パン型より小さいワンローフ型で焼きます。型が小さいと生地が伸びにくくなり、膨らみにバラつきが出ます。そこで、ロールした生地を縦（切り口が上下になる向き）に詰めて上方向へ膨らみやすくします。
また、中央に入れる玉を両端より大きくすると、きれいな山形に焼き上がります。
粉は、フランスパン用粉と呼ぶ準強力粉相当の粉を使います。低糖の配合に向くインスタントドライイーストを使い、モルトを加えてイーストの発酵を促し、焼き色をつきやすくします。
オレンジピールとラム酒漬けレーズンは、量が多過ぎるとシロップが染み出て焦げる原因になるので注意してください。

材料	ベーカーズパーセント（%）	3kg仕込みの使用量（g）
フランスパン用粉	100%	3000g
モルトパウダー	0.2%	6g
食塩	1.8%	54g
FMP	0.3%	9g
インスタントドライイースト	1.4%	42g
バター	8%	240g
水	63%	1890g
発酵種	20%	600g
TOTAL	194.7%	

シートバター……………（生地1900gに）250g（1/2枚）
オレンジピール
ラム酒漬けレーズン
合わせて※……（生地重量の）20%
※オレンジピール5：レーズン3の割合。

使用した型
容積1台約1270mℓの
ワンローフ3連型

比容積……………… 3.6

※比容積、生地量についてはP11、各数値の算出方法はP15参照

オレンジピール
オレンジの皮のシロップ漬け。ダイスカットしたものを使用。

シートバター
シート状に加工されたバター。折り込みに便利。

使用した製品は1枚500g

ラム酒漬けレーズン
レーズンを3か月以上ラム酒に漬け込んだもの。

インスタントドライイースト
糖分3%以下の配合に適している。
サフ インスタントドライイースト[赤]を使用。

発酵種
材料・配合は上記「材料」から発酵種を除いたものと同じ。
ミキシング低速3分・中速2分↓バター投入・低速2分・低中速4分／捏上温度25℃
室温で90分発酵後、一晩（16時間）以上冷蔵熟成させる。

参考 「フランス食パン」
●発酵種 →P59

生地の材料

フランスパン用粉
タンパク質… 11.8%
灰分………… 0.42%
Fナポレオン（日本製粉）

モルトパウダー
麦芽の粉末。麦芽糖が酵母の発酵を促進する。パンの色付きもよくなる。

参考 デニッシュ食パン●ミキシング～折り込み →P143

ミキシング

ミキサーボウルにバター以外の生地の材料を入れる。

ピックアップステージ	低速2分
クリーンアップステージ	低中速3分 ⬇バターを投入
ディベロップメントステージ	低速2分 低中速4分

捏上温度 26℃

POINT イーストは、塩に触れないように入れる。

POINT 水分が粉に入りきったところ（水切れ段階）でバターを加える。

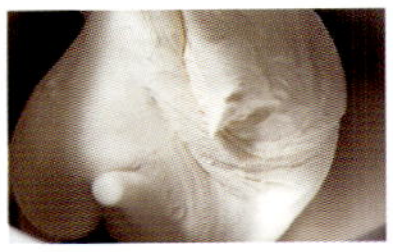

POINT この後リバースシーターにかけてのばすことがミキシング作用にもなるので、生地を捏ね過ぎないように注意する。

フロアタイム（1次発酵）

90分 温度28℃・湿度70%

分割・丸め

分割重量…1900g

分割した生地を軽く丸め、天板にのせて平らにし、乾燥防止のビニールをかぶせる。

冷却・パンチ

冷却	60分	温度 −5℃
パンチ	ガス抜き	
冷却	120分	温度 −5℃

マイナス5℃で60分冷却した後、生地を押してガスを抜き、再びビニールをかぶせてマイナス5℃で120分冷却する。

POINT 生地がシートバターと同じくらいのかたさになるまで冷やす。

折り込み

リバースシーターでバターを折り込む

シートバター…生地1900gにつき
250g（1/2枚）

折り込み	三つ折り 2回	
冷却	30分	温度 −5℃
折り込み	三つ折り 1回	
冷却	60～120分 （かたくなるまで）	温度 −5℃

POINT 生地をいきなり狭い幅に通すとストレスがかかるので、リバースシーターの目盛は20mmくらいから始め、2mmずつ落とすとよい。

シートバターを幅30cm×長さ24cmにのばし、バターの幅×長さ2倍強にのばした生地にのせる。

生地の両端を真ん中で合わせてバターを包み、生地をつまんでとじる。

とじ目をリバースシーターの進行方向に向けて置き、シーターに2、3回かける。

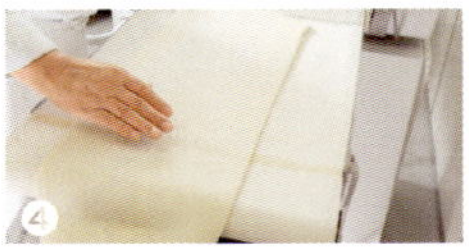

三つ折りし、折り目を進行方向に置きシーターに数回かけて6～7mm厚にする。

三つ折りする（2回目）。天板にのせてビニールをかぶせ、マイナス5℃で30分冷却する。

再びシーターに数回かけて5mm厚にし、三つ折りする。60～120分（かたくなるまで）冷却する。

成形

4.5mm厚にのばす

分割重量（1回目）…400g

オレンジピールとレーズンを巻き込む

オレンジピール…50g　レーズン…30g

分割重量（2回目）…125g・230g・125g

型1台につき3玉を入れる

折り目を進行方向に向けて置き、シーターに数回かけて4.5mm厚にのばす。400gにカットし（①）、オレンジピールとレーズンをのせて巻き（②）、125g、230g、125gにカットし、切り口を上にする（③）。

両端に125gの玉を入れてから中央に230gの玉を入れる。

ホイロ（最終発酵）

80分 温度33℃・湿度75～80%

焼成

上火185℃・下火210℃

35分（スチームあり）

焼成

スチームを入れる。（スチーム機能がない場合は霧吹きする。）

焼成後

型から出し、表面に杏ジャム（分量外）を塗る。

※杏ジャムは、杏ジャム1：水1の割合で合わせて沸騰させたもの。

直捏法

レモンピール入りブリオッシュ食パン

直捏法 レモンピール入りブリオッシュ食パン

フランスの菓子パンの基本とされるブリオッシュは、リッチなパンの代表です。バターと卵をたっぷり入れて牛乳で捏ねた甘めの生地は、風味も口溶けもよく人気があります。このブリオッシュ生地にレモンピールをちりばめて爽やかなアクセントをつけ、食パン型で焼きました。ケービングしやすい生地なので、山食パンより角食パンのほうが向いています。

角食　直捏法

レモンピール入りブリオッシュ食パン

バターは液状になると変質するので、ミキシング中に溶かさないようにするのが肝心です。材料の温度が高いとバターが溶け出したり混ざらないうちに捏上温度になったりしますから、粉類も含め材料は冷やしておきます。バターを加えた後の生地はグルテンが出にくくなるため、バターを入れる前にグルテンを多めに出しておき、バター投入後も長めにミキシングします。

全卵に卵黄を足しているのは、全卵を対粉30％以上入れると生地のつながりが悪くなるからです。卵が多い生地はボリュームが出ますので、ホイロは短めにして腰折れを防ぎます。卵の影響で焼き色もつきやすいですから注意してください。

材料	ベーカーズパーセント（%）	3kg仕込みの使用量（g）
強力粉	70%	2100g
中力粉	30%	900g
上白糖	10%	300g
食塩	2.2%	66g
粉乳	2%	60g
FMP	0.3%	9g
生イースト	4%	120g
バター	24%	720g
全卵	30%	900g
卵黄	10%	300g
牛乳	20%	600g
レモンピール	25%	750g
TOTAL	227.5%	

使用した型
容積約3825mℓの2斤型

比容積……………… 3.9

※比容積、生地量についてはP11、各数値の算出方法はP15参照

粉全体のタンパク質　11.61%
{(強力粉12.0%×ベーカーズパーセント70%)＋(中力粉10.7%×ベーカーズパーセント30%)}÷100＝11.61%

中力粉
タンパク質……10.7%
灰分……………0.45%
リスドォル（日清製粉）

強力粉
タンパク質……12.0%
灰分……………0.38%
イーグル（日本製粉）

POINT　強力粉に中力粉を合わせてフランスパン用粉（準強力粉相当）に近づける。

材料

レモンピール
レモンの皮のシロップ漬け。3～5mm角くらいに刻んで使用。

材料の主なお問合せ先→P202

ミキシング

ミキサーボウルにバター、レモンピール以外の材料を入れる。 **POINT** イーストは、砂糖、塩に触れないように入れる。

ステージ	工程	POINT
ピックアップステージ	低速３分	
クリーンアップステージ	低中速３分	グルテンをしっかり引き出す。
	⬇バター（半量）を投入	バターは２回に分けて入れる。
ディベロップメントステージ	低速２分	
	⬇バター（残り）を投入	
	低速３分	
ファイナルステージ	低中速５分	バターの影響でグルテンが出にくくなっているため長めにミキシングする。ただし、バターが溶け出さないように、生地温度を確認しながら進める。
	中高速６分	
	⬇レモンピールを投入	
	低速２分	
	捏上温度 25～26℃	バターが溶けないように低めの温度に捏ね上げる。

フロアタイム（1次発酵）

70分
温度26℃・湿度70%

フロアタイム後

分割・丸め

分割重量…245g
※3825mℓ（型）÷3.9（比容積）÷4（玉）

POINT バターが溶けないように手早く丸める。

ベンチタイム

20分

成形

手丸め
型1台につき4玉を入れる

POINT 発酵しにくい生地なので、麺棒成形ではなく手丸めする。

ガスを軽く抜き（①）、生地を4つに折りたたみ（②）、とじ目を下に入れながら丸め、表面を張らせて俵形にする（③）。

両端に１玉ずつ入れてから残りを入れる。

POINT 生地が重たいので力をかけたくなるが、締めないように注意し、できるだけガスを抜かないようにやさしく、手早く丸める。

ホイロ（最終発酵）

45～55分
温度30℃・湿度70～75%

ホイロ後

POINT 卵の影響でボリュームが出るので、発酵は短めに、型の70%くらいまででよい。

焼成

上火180℃・下火180℃
50分（スチームなし）

焼成前 蓋をする。

焼成後 型から出す。

直捏法

ちぎりパン（ミニホテルブレッド）

「ホテルブレッド」（44ページ）をアレンジし、バターシュガーをトッピングして細長いパウンド型で焼きました。大人も子どもも好きなバターシュガー味のパンは、おやつにもぴったりです。

山食　直捏法

ちぎりパン（ミニホテルブレッド）

「ホテルブレッド」（44ページ）の生地を小さく丸め、細長いパウンド型に6玉詰めます。生地がやわらかいので玉数を多くして柱を増やし、ケービングを防ぎます。

焼成前にハサミで切り込みを入れ、バターを絞ってグラニュー糖をふりかけます。グラニュー糖はバターの上にかけてください。パンの表面全体にかけると焦げてしまいます。

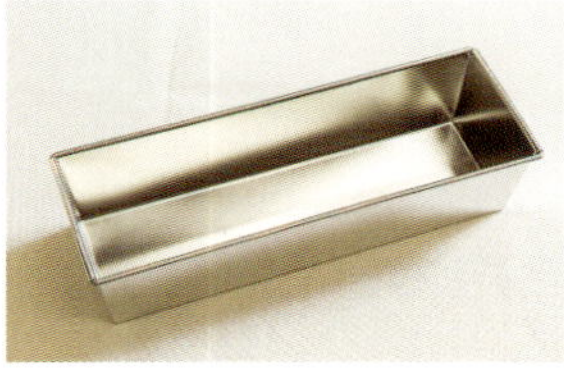

使用した型

容積約1060mℓのパウンド型

比容積…………………… 3.9

※比容積、生地量についてはP11、各数値の算出方法はP15参照

材料	ベーカーズパーセント（%）	3kg仕込みの使用量（g）
強力粉	100%	3000g
上白糖	18%	540g
食塩	1.7%	51g
粉乳	2%	60g
乳化剤	0.1%	3g
FMP	0.3%	9g
生イースト	3%	90g
マーガリン	8%	240g
全卵	8%	240g
水	60%	1800g
クチナシ	0.005%	0.15g
TOTAL	201.105%	

クチナシ

クチナシの実の粉末。卵の色の補助的な着色剤として使用。

強力粉

タンパク質……12.0%
灰分… 0.38～0.40%

乳化剤

生地をふっくらとさせるとともに、冷めてもかたくなるのを防いで長時間やわらかさを保つ。
エマルジーMM-100（理研ビタミン）を使用。

材料（写真は2kg仕込み）

材料の主なお問合せ先→P202

参考 「ホテルブレッド 」→P44

ミキシング

ミキサーボウルにマーガリン以外の材料を入れる。

ピックアップステージ	低速2分
クリーンアップステージ	低中速3分 ⬇マーガリンを投入
ディベロップメントステージ	低速2分 低中速4分
ファイナルステージ	中高速3分 捏上温度 27℃

POINT イーストは、砂糖、塩に触れないように入れる。

POINT 水分が粉に入りきったところ（水切れ段階）でマーガリンを加える。

POINT 生地温度を確認しながら進める。

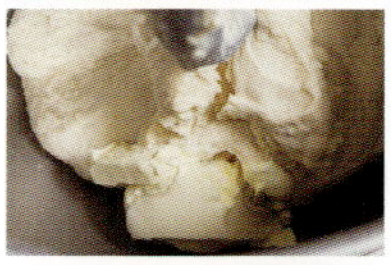

フロアタイム（1次発酵）

50分
温度28℃・湿度70%

フロアタイム後

分割・丸め

分割重量…45g
※1060mℓ（型）÷3.9（比容積）÷6（玉）

POINT
ガスを抜かないように、
やさしく丸める。

ベンチタイム

20分

ベンチタイム後

成形

手丸め
型1台につき6玉を入れる

ガスを軽く抜き（①）、生地を4つに折りたたみ（②）、とじ目を下に入れながら丸め、表面を張らせて俵形にする（③）。

両端から詰め、中央は最後に入れる。

POINT 力をかけると生地の目が詰まりクラストが厚くなるので、やさしく行う。

ホイロ（最終発酵）

40～45分
温度36℃・湿度75～80%

ホイロ後

POINT
よく伸びる生地なので、発酵させ過ぎると腰折れしやすくなる。発酵は短めに、型の70～75%程度でよい。

焼成

上火180℃・下火180℃
22分（スチームなし）

焼成前
中央にハサミで切り込みを入れ、バター（分量外、1台につき約5g）を絞り、グラニュー糖（分量外、1台につき約5g）をバターの上にかける。

焼成後
型から出す。

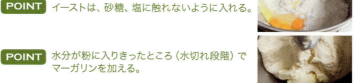

餡《あん》食パン

餡食パン

甘味のあるやわらかな食パンと小豆餡は好相性です。餡を薄く生地に挟んでまんべんなく編み込んで焼き上げ、どこを食べても生地と餡がほどよいバランスで味わえるようにしました。

角食　直捏法

餡食パン

餡は生地に薄く塗り広げ、これをもう一枚の生地で挟み、三つ編みにしました。巻き込む方法もありますが、餡と生地の間に大きな隙き間ができやすく、食べると生地と餡が分離して感じられるのが気になります。三つ編みにすることで、餡が生地と一体化し、生地と餡のバランスが、どこを切ってもほぼ同じ状態になります。

餡にはマーガリンを5%配合して、塗りやすくします。作業効率がよくなり、生地にもストレスをかけずにすみます。

使用した型
容積約3700mℓの2斤型

比容積…………………… 3.9

※比容積、生地量についてはP11、各数値の算出方法はP15参照

材料	ベーカーズパーセント（%）	3kg仕込みの使用量（g）
強力粉	100%	3000g
上白糖	8%	240g
食塩	1.8%	54g
粉乳	2%	60g
FMP	0.3%	9g
生イースト	3%	90g
マーガリン	8%	240g
水	67%	2010g
TOTAL	190.1%	

餡※………………（生地重量の）30%…（1玉につき）95g
※餡はマーガリンを5%混ぜたもの。

餡
本書では小豆の粒餡を使用したが、好みのものでよい。

POINT　5%量のマーガリンを混ぜて、伸びをよくする。

強力粉
タンパク質… 12.0%
灰分………… 0.38%
イーグル（日本製粉）

生地の材料

ミキシング

ミキサーボウルにマーガリン以外の生地の材料を入れる。

ピックアップステージ	低速3分	POINT イーストは、砂糖、塩に触れないように入れる。
クリーンアップステージ	低中速2分	
	⬇マーガリンを投入	POINT 水分が粉に入りきったところ（水切れ段階）でマーガリンを加える。
ディベロップメントステージ	低速2分	
	低中速4分	
ファイナルステージ	中高速4分	POINT 生地温度を確認しながら進める。
	捏上温度 27℃	

フロアタイム（1次発酵）

60分

温度28℃・湿度70%

フロアタイム後

分割・丸め

分割重量…160g

※3700mℓ（型）÷3.9（比容積）÷3（玉）÷2

POINT ガスを抜かないように、やさしく丸める。

2枚1組にするので、1玉320gを半分の160gに分割する。

ベンチタイム

20分

成形

麺棒成形

餡を挟んで三つ編み

餡…1玉につき95g

※1台の生地重量950gの30%÷3玉

型1台につき3玉を入れる

POINT 長くのばすと巻きが多くなり、餡が全体にゆき渡る。

ガスを抜き、麺棒でのばす（①）。2枚1組の1枚に餡95gを塗り、もう1枚の生地をのせて（②）手で押さえ、麺棒で空気を抜きながら細長くのばす（③）。

縦3本にカットし（上部は切り離さないほうが作業しやすい）（④）、三つ編みして（⑤）、端から巻いて玉にする（⑥）。

両端に1玉ずつ入れてから中央を入れる。

ホイロ（最終発酵）

50分

温度38℃・湿度80%

POINT 型の75～80%くらいまで発酵させる。

焼成

上火195℃・下火220℃

40分（スチームなし）

焼成前

蓋をする。

焼成後

型から出す。

直捏法

ストロベリー食パン

直捏法 ストロベリー食パン

メロンパンのビスキュイを応用して、ありそうでなかった苺の食パンを作りました。ストロベリーパウダーと粒状の苺ジャムを混ぜたビスキュイを生地に挟んで編み込んだら、目にも舌にも楽しい食パンになりました。

角食　直捏法

ストロベリー食パン

メロンパンに使うビスキュイに、フリーズドライ（真空凍結乾燥）のストロベリーパウダーと粒状苺ジャム（混ぜ込み・焼成用）を練り込みました。このビスキュイは一晩ねかせてしっとりさせるのがポイントです。

ストロベリーパウダーは焼成すると色が薄まり、時間が経つと香りも弱まるので、多めに配合して、紅麹色素で色を補いました。粒状苺ジャムは、パンや菓子の生地に混ぜ込んで焼成するための製品です。加熱すると形は残りますが、溶けてやわらかくなります。ちりばめた苺ジャムがアクセントになり、苺の味もはっきりします。

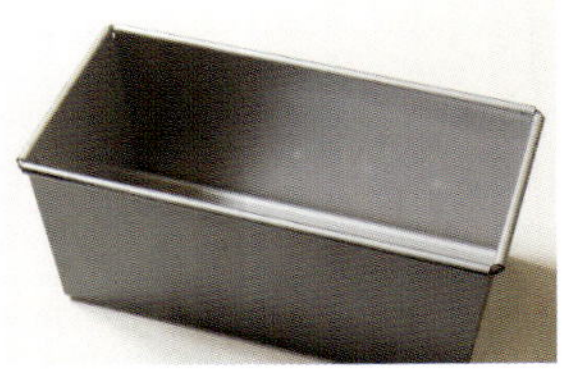

使用した型
容積約3825mℓの2斤型

比容積……………………… 3.9

※比容積、生地量についてはP11、各数値の算出方法はP15参照

材料	ベーカーズパーセント（%）	3kg仕込みの使用量（g）
強力粉	100%	3000g
上白糖	8%	240g
食塩	1.8%	54g
FMP	0.3%	9g
生イースト	3%	90g
マーガリン	8%	240g
生クリーム	8%	240g
水	65%	1950g
TOTAL	194.1%	

ストロベリービスキュイ…（生地重量の）25%…（1玉につき）80g

薄力粉	100%
ストロベリーパウダー	8%
上白糖	60%
マーガリン	30%
全卵	40%
粒状苺ジャム	25%
紅麹色素	適量

粒状苺ジャム
製パン、製菓用で混ぜ込み・焼成用の粒状ジャム。
つぶジャム　いちご（富澤商店）を使用。

ストロベリービスキュイの材料

ストロベリービスキュイ 作り方

POINT 一晩ねかせてしっとりさせる。

マーガリンと上白糖を混ぜ合わせ、全卵を少しずつ加え、分離しないようによく混ぜる。

合わせてふるった薄力粉とストロベリーパウダーを加え、粉気がなくなるまでよく混ぜる。

粒状苺ジャム、紅麹色素を加えて混ぜる。ビニール袋などに移して密閉し、一晩冷蔵する。

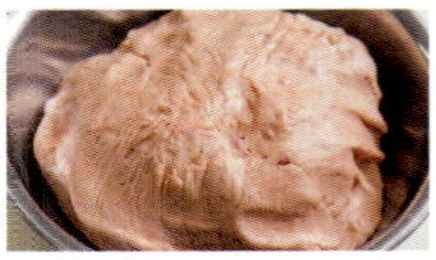

ストロベリービスキュイ

強力粉
タンパク質… 12.0%
灰分………… 0.38%
イーグル（日本製粉）

生地の材料

ミキシング

ミキサーボウルにマーガリン以外の生地の材料を入れる。

ステージ	ミキシング	POINT
ピックアップステージ	低速3分	POINT イーストは、砂糖、塩に触れないように入れる。
クリーンアップステージ	低中速3分 ⬇マーガリンを投入	POINT 水分が粉に入りきったところ（水切れ段階）でマーガリンを加える。
ディベロップメントステージ	低速3分 低中速4分	
ファイナルステージ	中高速4分 捏上温度 27℃	POINT 生地温度を確認しながら進める。

フロアタイム（1次発酵）

50分　温度28℃・湿度70%

分割・丸め

分割重量…165g

※3825mℓ（型）÷3.9（比容積）÷3（玉）÷2

2枚1組にするため1玉320gを半分の160gに分割する。

生地の左右の端をたたんで三つ折りし（①）、手前から巻いて（②）俵形にする。とじ目を下にして（③）番重に入れる。

ベンチタイム

20分

成形

麺棒成形

ストロベリービスキュイを挟んで三つ編み

ストロベリービスキュイ…1玉につき80g

※1台の生地重量980gの25%÷3玉

型1台につき3玉を入れる

POINT パン生地に霧吹きしてビスキュイを密着させてもよい。

ビスキュイは棒状にして80gにちぎり（①）、それぞれを棒状にのばす。パン生地は麺棒でのばして2枚1組にする。パン生地に平らにのばしたビスキュイをのせ、もう1枚の生地をのせて（②）手でしっかり押さえ、麺棒で細長くのばす（③）。

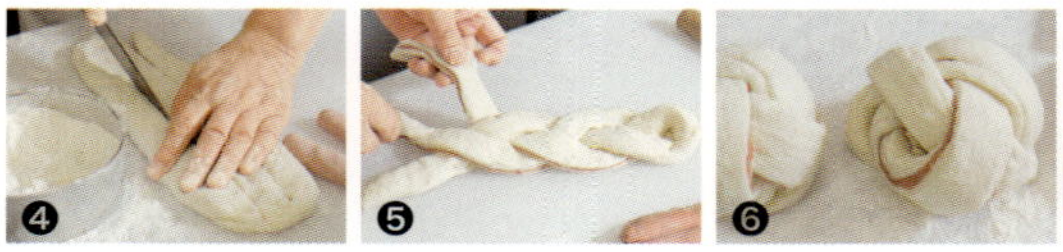

縦3本にカットし（上部は切り離さないほうが作業しやすい）（④）、三つ編みして（⑤）、端から巻いて玉にする（⑥）。

両端に1玉ずつ入れてから中央を入れる。

ホイロ（最終発酵）

50分　温度38℃・湿度80%

ホイロ後

POINT 型の75～80%くらいまで発酵させる。

焼成

上火180℃・下火200℃

42分（スチームなし）

焼成前

蓋をする。

焼成後

型から出す。

コーヒー食パン

直捏法

コーヒー食パン

コーヒーの香りと苦味を活かした大人向けの食パンです。コーヒーにつきものの生クリームも加えた本格派。苦味と甘味のバランスはお好みで調整してください。

山食　直捏法

コーヒー食パン

コーヒーを生地に入れると、薄まって味と香りがぼんやりしてしまいます。そのため、豆を挽いていれたコーヒー液よりも、風味が濃縮されているインスタントコーヒーのほうが、パンには適しています。

下記の配合は、苦味のある大人向けの味になります。もっと甘味を強くしたいなら砂糖を8%までの範囲で増やし、マイルドな風味がよければコーヒーの量を減らすなど、お好みにより調整してください。コーヒーを減らす場合は生地の色が薄くなりますので、色付けにカラメルを加えるとよいでしょう。

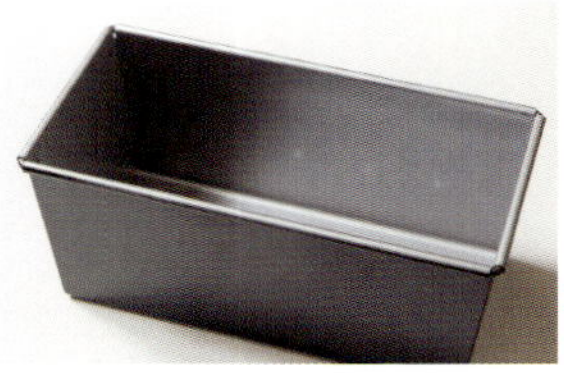

使用した型
容積約3825mℓの2斤型

比容積……………… 4.0

※比容積、生地量についてはP11、各数値の算出方法はP15参照

材料	ベーカーズパーセント（%）	3kg仕込みの使用量（g）
強力粉	100%	3000g
上白糖	6%	180g
食塩	1.8%	54g
粉乳	2%	60g
FMP	0.3%	9g
生イースト	3%	90g
バター	6%	180g
生クリーム	6%	180g
水	67%	2010g
インスタントコーヒー	2%	60g
TOTAL	194.1%	

インスタントコーヒー
湯や水に溶ける粉末、または顆粒のもの。好みの製品でよい。

POINT
仕込み水に加え、溶かしておく。

強力粉
タンパク質……12.0%
灰分… 0.38 ～ 0.40%

生クリーム
ラテール（不二製油）を使用。風味豊かでコクのあるハイコンパウンドクリーム。

材料

参考 基本の食パン「直捏法」→P18

ミキシング

ミキサーボウルにバター以外の材料を入れる。

ピックアップステージ	低速3分
クリーンアップステージ	低中速3分 ⬇**バターを投入**
ディベロップメントステージ	低速2分 低中速4分
ファイナルステージ	中高速3分 捏上温度 27℃

POINT イーストは、砂糖、塩に触れないように入れる。インスタントコーヒーは仕込み水に溶かしてから入れる。

POINT 水分が粉に入りきったところ（水切れ段階）でバターを加える。

POINT 生地温度を確認しながら進める。

フロアタイム（1次発酵）

60分

温度28℃・湿度70%

フロアタイム前

分割・丸め

分割重量…240g

※3825mℓ（型）÷4.0（比容積）÷4（玉）

POINT ガスを抜かないように、やさしく丸める。

ベンチタイム

20分

ベンチタイム前

成形

手丸め

型1台につき4玉を入れる

ガスを軽く抜き、生地を4つに折りたたみ（①②）、とじ目を下に入れながら丸め、表面を張らせて（③）俵形にする。

両端に1玉ずつ入れてから残りを入れる。

POINT 力をかけると生地の目が詰まりクラストが厚くなるので、やさしく行う。

ホイロ（最終発酵）

45～55分

温度36℃・湿度75～80%

ホイロ後

POINT

型の口から1cm下の高さまで生地を発酵させる。

焼成

上火185℃・下火210℃

40分（スチームなし）

焼成後

型から出し、表面にバター（分量外）を塗る。

直捏法

チョコレート食パン

直捏法　チョコレート食パン

ココアだけでは出せないチョコレートのおいしさを、練り込み用チョコレートを使って濃厚に、しかし甘さは抑えて仕上げました。ビターな生地にオレンジピールの風味がまるみを与えています。

角食　直捏法

チョコレート食パン

生地にココアパウダーを入れただけでは、チョコレートのおいしさは出せません。カカオの風味が濃厚で甘味の少ない練り込み用チョコレートを練り込んで、チョコレート本来のフレーバーが味わえる生地にしました。ミキシングでは油脂として扱い、マーガリンを入れるタイミングで投入します。常温でもやわらかいので、温めたり溶かしたりする必要はありません。

ココアパウダーは色を補うために加えます。チョコレート生地だけでもよいのですが、オレンジピールを加えて風味と食感にアクセントをつけました。

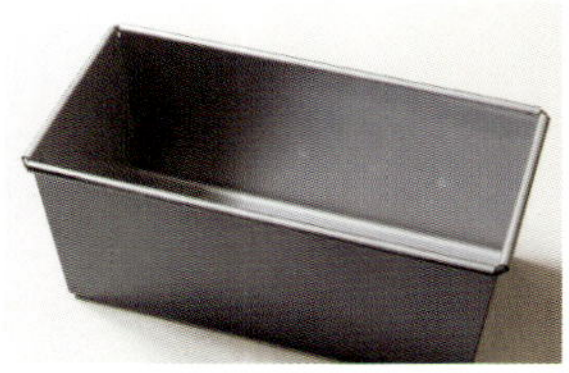

使用した型

容積約3825mℓの2斤型

比容積…………………… 3.8

※比容積、生地量についてはP11、各数値の算出方法はP15参照

材料	ベーカーズパーセント（%）	3kg仕込みの使用量（g）
強力粉	100%	3000g
上白糖	12%	360g
食塩	1.8%	54g
FMP	0.3%	9g
生イースト	4%	120g
マーガリン	8%	240g
卵黄	10%	300g
水	66%	1980g
ココアパウダー	6%	180g
練り込み用チョコレート	6%	180g
オレンジピール	15%	450g
TOTAL	229.1%	

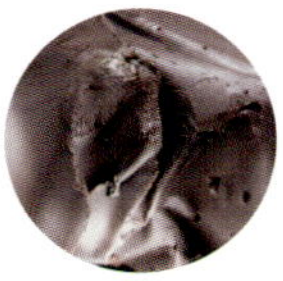

練り込み用チョコレート

常温でやわらかい状態のチョコレート。

練り込みチョココンク（不二製油）を使用。加温する必要がなく、パン生地に練り込める。

ココアパウダー

練り込み用チョコレートだけでは生地の色が物足りないので、ココアパウダーで色付けする。

オレンジピール

オレンジの皮のシロップ漬け。ダイスカットしたものを使用。

強力粉

タンパク質……12.0%

灰分… 0.38 ～ 0.40%

材料

参考 基本の食パン「直捏法」→P18

ミキシング

ミキサーボウルにマーガリンとチョコレート、オレンジピール以外の材料を入れる。

ピックアップステージ	低速2分
クリーンアップステージ	低中速3分 ⬇マーガリンとチョコレートを投入
ディベロップメントステージ	低速2分 低中速4分
ファイナルステージ	中高速4分 ⬇オレンジピールを投入 低速1～2分 捏上温度 28℃

POINT イーストは、砂糖、塩に触れないように入れる。

POINT 水分が粉に入りきったところ（水切れ段階）でマーガリンとチョコレートを加える。

POINT 生地温度を確認しながら進める。

生地がつながってつやが出たらオレンジピールを加える。つぶさないように低速で混ぜる。

フロアタイム（1次発酵）

60分
温度28℃・湿度70%

フロアタイム後

分割・丸め

分割重量…250g
※3825mℓ（型）÷3.8（比容積）÷4（玉）

POINT ガスを抜かないように、やさしく丸める。

ベンチタイム

20分

ベンチタイム後

成形

麺棒成形
型1台につき4玉を入れる

ガスを抜き、麺棒でだ円にのばし（①）、三つ折りにしたら90度回転させて麺棒で平らにし（②）、手前から巻く（③）。

両端に1玉ずつ入れてから残りを入れる。

POINT 力をかけると生地の目が詰まりクラストが厚くなるので、やさしく行う。

ホイロ（最終発酵）

45～55分
温度36℃・湿度75～80%

ホイロ後

POINT 型の80%くらいまで発酵させる。

焼成

上火190℃・下火200℃
43分（スチームなし）

焼成前 蓋をする。

焼成後 型から出す。

紅茶食パン

直捏法 紅茶食パン

牛乳で煮出した濃厚な紅茶エキスと茶葉を練り込み、香り高く焼き上げました。
紅茶は加熱後も香りが残るアールグレイを選びました。

山食　直捏法

紅茶食パン

チャイのように茶葉を牛乳で煮出すのがポイントです。こうすると、紅茶の風味が濃厚に抽出されます。それでも生地に混ぜて焼成すると薄まるので、煮出した茶葉の半量も生地に混ぜ込みました。口当たりが悪くならないように、茶葉が大きい場合は細かく刻んでください。

紅茶はアールグレイを選びましたが、同じアールグレイでも、メーカーによって香りも葉の大きさも異なります。お好みの種類に変える場合も、分量などの調整が必要です。特に、加熱後の風味の強弱を確かめるようにしてください。

使用した型
容積約3700mℓの2斤型

比容積…………………… 3.8

※比容積、生地量についてはP11、各数値の算出方法はP15参照

材料	ベーカーズパーセント（%）	3kg仕込みの使用量（g）
強力粉	100%	3000g
上白糖	6%	180g
食塩	1.8%	54g
粉乳	2%	60g
FMP	0.3%	9g
生イースト	3%	90g
バター	6%	180g
水※1	57%	1710g
紅茶液　牛乳	20%	600g
紅茶液　紅茶葉（アールグレイ）	2%※2	60g※2
TOTAL	198.1%	

※1 水は紅茶液と合わせて70%（2100g）になるように増減する。
※2 紅茶葉のうち生地に混ぜ込むのは半量（煮出し後）。

紅茶液　作り方

POINT 茶葉を牛乳で煮出し、濃厚な抽出液を作る。煮出し後の茶葉も半量を使う。

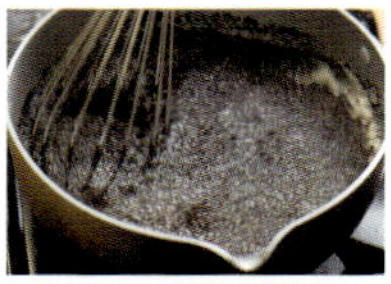

牛乳と茶葉を鍋に入れて火にかけ、混ぜながら熱する。

沸騰したら火を弱め、さらに2分ほど煮出す。

漉して液体と茶葉に分け、茶葉は半量を使う（葉が大きければ刻む）。紅茶液は冷やしておく。

強力粉
タンパク質… 12.0%
灰分………… 0.38%
イーグル（日本製粉）

材料

材料の主なお問合せ先→P202

参考 基本の食パン「直捏法」→P18

ミキシング

ミキサーボウルにバター以外の材料を入れる。

POINT イーストは、砂糖、塩に触れないように入れる。
水は紅茶液と合わせて対粉70%になるように調整する。

ピックアップステージ	低速3分
クリーンアップステージ	低中速2分 ⬇バターを投入
ディベロップメントステージ	低速2分 低中速4分
ファイナルステージ	中高速4分 捏上温度 27℃

POINT 水分が粉に入りきったところ（水切れ段階）でバターを加える。

POINT 生地温度を確認しながら進める。

フロアタイム（1次発酵）

60分
温度28℃・湿度70%

フロアタイム後

分割・丸め

分割重量…240g
※3700mℓ（型）÷3.8（比容積）÷4（玉）

POINT
ガスを抜かないように、やさしく丸める。

ベンチタイム

25分

ベンチタイム後

成形

手丸め
型1台につき4玉を入れる

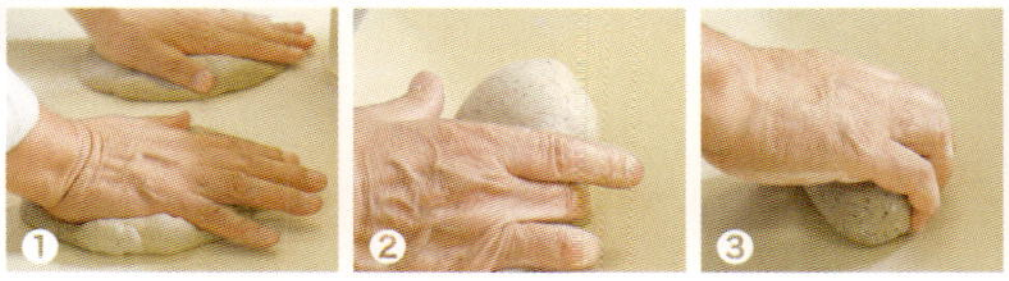

ガスを軽く抜き（①）、生地を4つに折りたたみ、とじ目を下に入れながら丸め（②）、表面を張らせて俵形にする（③）。

両端に1玉ずつ入れてから残りを入れる。

POINT 力をかけると生地の目が詰まりクラストが厚くなるので、やさしく行う。

ホイロ（最終発酵）

50分
温度38℃・湿度80%

ホイロ後

POINT
型の85%～型の口すれすれの高さまで生地を発酵させる。

焼成

上火195℃・下火220℃
40分（スチームなし）

焼成後
型から出し、表面にバター（分量外）を塗る。

直捏法

豆乳食パン

直捏法 豆乳食パン

高タンパク・低カロリー、植物由来の豆乳は注目の素材です。風味濃厚なタイプの豆乳を練り込み、しっとりした生地に焼き上げました。バターやマーガリンなど乳風味の材料は使わないで、豆乳のやさしい風味を活かしています。

山食 直捏法

豆乳食パン

豆乳のやさしい風味を引き立てるように、油脂は無味無臭のショートニングだけにしました。粉乳も乳の風味があるので使いません。豆乳の風味を出すためとはいえ、豆乳の割合を多くすると青くささが気になり、膨らみも悪くなります。そこで、少量で風味を出せるように、大豆固形成分含量が高い濃厚な豆乳を使いました。

パン全体の水分量が多いため、少々重量感がありますが、しっとりした生地になります。デリケートな生地なので、扱いには注意してください。フロアタイムは低めの温度で長めに。ガスを抜き過ぎず、やさしく手数少なく成形しましょう。

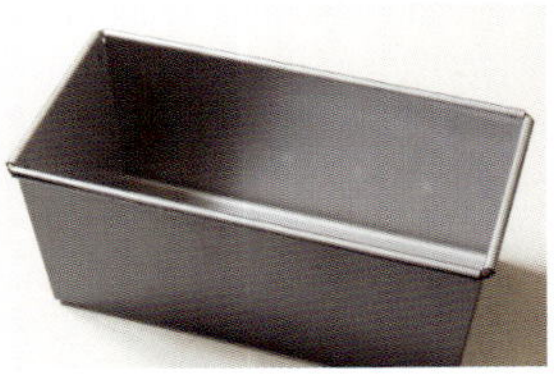

使用した型
容積約3825mℓの2斤型

比容積……………………3.6

※比容積、生地量についてはP11、各数値の算出方法はP15参照

材料	ベーカーズパーセント（%）	3kg仕込みの使用量（g）
強力粉	100%	3000g
上白糖	6%	180g
食塩	1.8%	54g
FMP	0.3%	9g
生イースト	3%	90g
ショートニング	6%	180g
水	59%	1770g
豆乳	20%	600g
TOTAL	196.1%	

豆乳
濃厚豆乳（不二製油）を使用。独自の製法により大豆の風味が濃厚。国産大豆使用。大豆固形分を多く含む。

強力粉
タンパク質……12.0%
灰分… 0.38～0.40%

ショートニング
無味無臭の油脂のため、他の素材の風味を邪魔しない。

材料

参考 基本の食パン「直捏法」→P18

ミキシング

ミキサーボウルにショートニング以外の材料を入れる。

ピックアップステージ	低速3分	POINT イーストは、砂糖、塩に触れないように入れる。
クリーンアップステージ	低中速3分	
	⬇ショートニングを投入	POINT 水分が粉に入りきったところ（水切れ段階）でショートニングを加える。
ディベロップメントステージ	低速2分	
	低中速4分	
ファイナルステージ	中高速3分	POINT 生地温度を確認しながら進める。
	捏上温度 25℃	

フロアタイム（1次発酵）

60分

温度28℃・湿度70%

分割・丸め

分割重量…265g

※3825mℓ（型）÷3.6（比容積）÷4（玉）

POINT

ガスを抜かないように、やさしく丸める。

ベンチタイム

20分

ベンチタイム後

成形

手丸め

型1台につき4玉を入れる

ガスを軽く抜き、生地を4つに折りたたみ（①②）、とじ目を下に入れながら丸め、表面を張らせて俵形にする（③）。

両端に1玉ずつ入れてから残りを入れる。

POINT 力をかけると生地の目が詰まりクラストが厚くなるので、やさしく行う。

ホイロ（最終発酵）

55分

温度36℃・湿度75～80%

ホイロ後

POINT

型の口から1cm下の高さまで生地を発酵させる。

焼成

上火185℃・下火210℃

42分（スチームなし）

焼成後

型から出し、表面にショートニング（分量外）を塗る。

直捏法

黒糖食パン

直捏法 黒糖食パン

黒糖入りの生地に黒糖と相性のよいレーズンを加えた、どこか懐かしい味わいの食パンです。昔ながらの製法で作られた風味濃厚な黒糖ブロックを使い、カラメルと生クリームを加えたリッチな配合にしました。

黒糖食パン

黒糖は良質なブロック状のものを使うのがポイントです。粉砕してあると風味が薄くなっている可能性があります。黒糖の塊は容易には溶けませんから、仕込み水の90％量に一晩以上浸して溶かし、裏漉しします。仕込み水を10％量とっておくのは、生地を捏ねる時に水分量を調整できるようにするためです。黒糖入りの生地はだれやすいので、フロアタイムの途中でパンチをして生地に力をつけます。

カラメルは風味と色付きのために加えます。粉乳は使わず、生クリームでしっとり感とまろやかさを出します。レーズンは水洗いして適度に吸水させておき、レーズンがパン生地の水分を吸うことによるパンの老化を防ぎます。

使用した型
容積約3825mℓの2斤型

比容積……………… 3.7

※比容積、生地量についてはP11、各数値の算出方法はP15参照

材料	ベーカーズパーセント（％）	3kg仕込みの使用量（g）
強力粉	100％	3000g
黒糖	20％	600g
食塩	1.8％	54g
FMP	0.3％	9g
生イースト	3％	90g
バター	6％	180g
生クリーム	6％	180g
カラメル	3％	90g
水	64％	1920g
レーズン	30％	900g
TOTAL	234.1％	

八重山 本黒糖（波照間製糖／富澤商店）を使用。

黒糖（写真は溶かしたもの）
ブロックを溶かして使う。仕込み水の90％量に黒糖を浸して一晩以上おき、溶かしたものを裏漉しする。

強力粉
タンパク質……12.0％
灰分… 0.38 ～ 0.40％

レーズン
オイルコーティングしていないものがよい。

POINT
前日に湯または水で洗って汚れを落とし、ざるにあげておく（水を適度に吸わせて膨潤させておく）。

材料（水10％量を除く）

材料の主なお問合せ先→P202

ミキシング

ミキサーボウルにバター、レーズン以外の材料を入れる。

ピックアップステージ	低速２分
クリーンアップステージ	低中速３分 ⬇バターを投入
ディベロップメントステージ	低速２分 低中速４分
ファイナルステージ	中高速３分 ⬇レーズンを投入 低速１分

捏上温度 28℃

POINT イーストは、塩に触れないように入れる。水（とっておいた10%量）はミキサーをまわして生地の状態を見てから加え、調整する。

POINT 水分が粉に入りきったところ（水切れ段階）でバターを加える。

POINT 生地温度を確認しながら進める。

生地がつながってつやが出たらレーズンを加える。つぶさないように低速で混ぜる。

フロアタイム（1次発酵）

60分　温度28℃・湿度70%

パンチ　ガス抜き（三つ折り２回）

25分　温度28℃・湿度70%

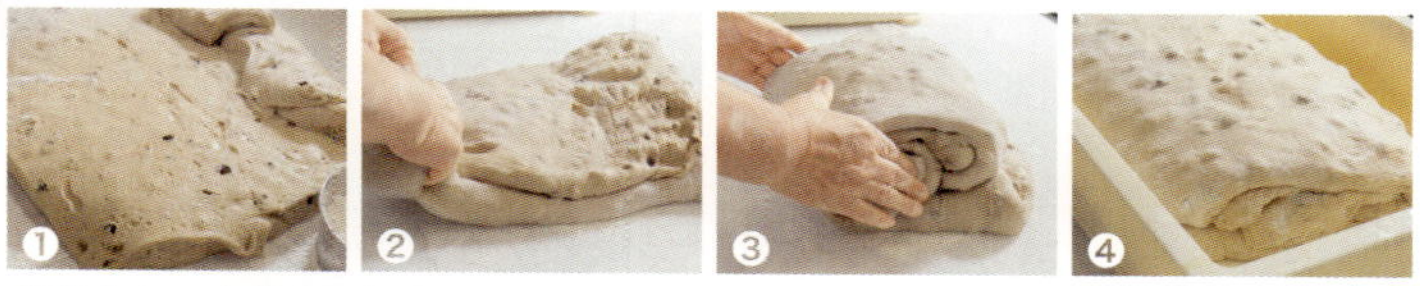

発酵室から生地を取り出し、作業台に出す（①）。生地を押し広げてガスを軽く抜き、横から2/3のところまで折り、反対側から生地端まで折る。次に手前から2/3のところまで折り（②）、向こう側から生地端まで折ったらとじ目を下にして（③）、番重に入れて（④）発酵室に戻す。

分割・丸め

分割重量…260g

※3825mℓ（型）÷3.7（比容積）÷4（玉）

POINT ガスを抜かないように、やさしく丸める。

ベンチタイム

20分

成形

麺棒成形

型１台につき４玉を入れる

ガスを抜き、麺棒でだ円にのばし、三つ折りにしたら（①）90度回転させて麺棒で平らにし（②）、手前から巻く（③）。

両端に１玉ずつ入れてから残りを入れる。

POINT 力をかけると生地の目が詰まりクラストが厚くなるので、やさしく行う。

ホイロ（最終発酵）

45～55分

温度36℃・湿度75～80%

ホイロ後

POINT 型の80%くらいまで発酵させる。

焼成

上火190℃・下火200℃

42分（スチームなし）

焼成前

蓋をする。

焼成後

型から出す。

直捏法

抹茶食パン

直捏法

抹茶食パン

抹茶の色と香りを楽しむ食パンです。乳酸発酵米パウダーで旨味を加えました。
バタートーストはもちろん、餡や生クリーム、はちみつとも合います。

角食　直捏法

抹茶食パン

抹茶は挽きたてに近いほど色が鮮やかで香りがよいので、新鮮なものを使います。品質や等級などによって苦味の強さが異なりますので、分量は調整してください。抹茶の苦味に対して旨味のバランスをよくするために、本書では乳酸発酵米パウダーを加えました。

クラムの抹茶の色は焼成してもさほど薄まりませんが、表面の焼き色はあまり濃くならないように気をつけてください。うっすら抹茶色が感じられるほうがよいでしょう。

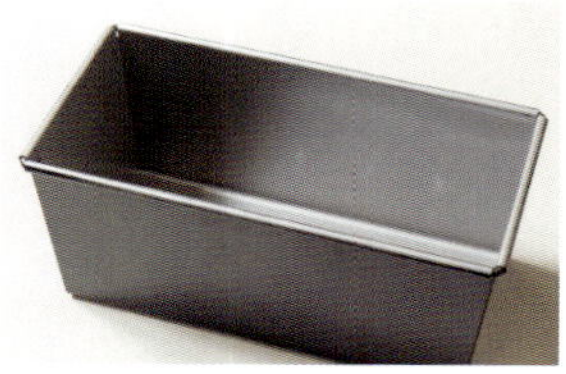

使用した型
容積約3825mℓの2斤型

比容積…………………… 3.9

※比容積、生地量についてはP11、各数値の算出方法はP15参照

材料	ベーカーズパーセント(%)	3kg仕込みの使用量(g)
強力粉	100%	3000g
上白糖	8%	240g
食塩	1.8%	54g
粉乳	2%	60g
乳酸発酵米パウダー	5%	150g
FMP	0.3%	9g
生イースト	3%	90g
マーガリン	8%	240g
水	73%	2190g
抹茶	2%	60g
TOTAL	203.1%	

乳酸発酵米パウダー
精白うるち米を乳酸発酵させた風味改良素材。乳酸発酵米の乳化作用、保湿力により、ソフトでしっとりした生地感、香味の向上などに効果がある。
NK-2パウダーSE（バイオテックジャパン）を使用。

強力粉
タンパク質… 12.0%
灰分………… 0.38%
イーグル（日本製粉）

抹茶
高級なものほど香りがよく甘味があり色鮮やかで、下級品は苦味が強くなる。変色、変質しやすいので、新鮮なものを使用し、残ったら冷蔵保存の上、早めに使い切る。

材料

材料の主なお問合せ先→P202

参考 基本の食パン「直捏法」→P18

ミキシング

ミキサーボウルにマーガリン以外の材料を入れる。

POINT イーストは、砂糖、塩に触れないように入れる。

ステージ	ミキシング
ピックアップステージ	低速3分
クリーンアップステージ	低中速3分 ⬇マーガリンを投入
ディベロップメントステージ	低速3分
ファイナルステージ	低中速4分 中高速3分 捏上温度 27℃

POINT 水分が粉に入りきったところ（水切れ段階）でマーガリンを加える。

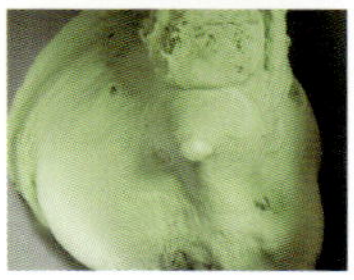

POINT 生地温度を確認しながら進める。

フロアタイム（1次発酵）

60分
温度28℃・湿度70%

フロアタイム後

分割・丸め

分割重量…245g
※3825mℓ（型）÷3.9（比容積）÷4（玉）

POINT ガスを抜かないように、やさしく丸める。

ベンチタイム

20分

ベンチタイム後

成形

麺棒成形
型1台につき4玉を入れる

ガスを抜き、麺棒でだ円にのばし（①）、三つ折りにしたら90度回転させて（②）麺棒で平らにし、手前から巻く（③）。

両端に1玉ずつ入れてから残りを入れる。

POINT 力をかけると生地の目が詰まりクラストが厚くなるので、やさしく行う。

ホイロ（最終発酵）

50分
温度38℃・湿度80%

ホイロ後

POINT 型の80%くらいまで発酵させる。

焼成

上火195℃・下火220℃
40分（スチームなし）

焼成前
蓋をする。

焼成後
型から出す。

竹炭食パン

直捏法

竹炭食パン

いか墨のパンから思いついた真っ黒な竹炭入り食パン。竹炭は風味がほとんどないので、ビジュアルは個性的ながら味わいはプレーンな小麦粉の食パンと同じです。サンドイッチやピザトーストなどで、今までにない色の組み合わせを演出できます。

山食　直捏法

竹炭食パン

竹炭は食用のパウダー状のものが販売されています。整腸作用、デトックス効果などが期待され、カルシウムやマグネシウムなどのミネラルを含み、味や匂いはほとんどありません。ただし、黒い粉ですから、道具や手に付着すると他のパンも汚す恐れがあります。ミキシングの際は、あらかじめ仕込み水の一部に溶かしてから加えると飛散防止になります。また、生地自体が真っ黒になって焼き色がわかりにくいですから、焼き過ぎに注意しましょう。

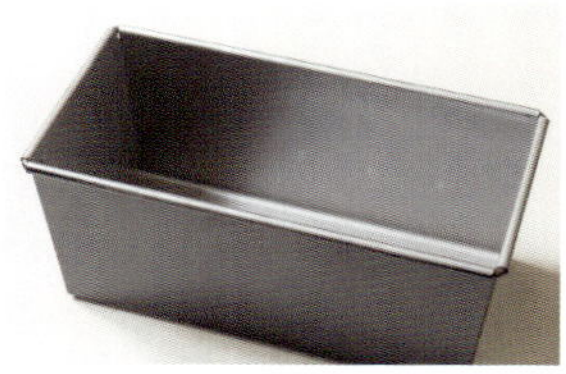

使用した型
容積約3825mℓの2斤型

比容積……………………4.0

※比容積、生地量についてはP11、各数値の算出方法はP15参照

材料	ベーカーズパーセント（%）	3kg仕込みの使用量（g）
強力粉	100%	3000g
上白糖	6%	180g
食塩	2%	60g
粉乳	2%	60g
FMP	0.3%	9g
生イースト	3%	90g
バター	6%	180g
水	71%	2130g
竹炭パウダー	1%	30g
TOTAL	191.3%	

竹炭
竹炭を粉末にした食用パウダーを使用。目の細かいものがよい。
食用竹炭パウダー（アワジヤAW）を使用。孟宗竹の竹炭を粉末にしたもの。

POINT
仕込み水の一部に溶かしてから使用する。

強力粉
タンパク質……12.0%
灰分… 0.38 ～ 0.40%

材料

参考　基本の食パン「直捏法」→P18

ミキシング

ミキサーボウルにバター以外の材料を入れる。

POINT イーストは、砂糖、塩に触れないように入れる。竹炭は仕込み水の一部に溶かしてから入れる。

ピックアップステージ	低速3分
クリーンアップステージ	低中速3分 ⬇バターを投入
ディベロップメントステージ	低速2分 低中速4分
ファイナルステージ	中高速3分 捏上温度 26℃

POINT 水分が粉に入りきったところ（水切れ段階）でバターを加える。

POINT 生地温度を確認しながら進める。

フロアタイム（1次発酵）

50分
温度28℃・湿度75%

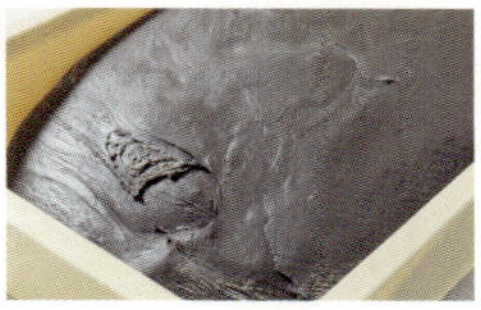

フロアタイム後

分割・丸め

分割重量…240g
※3825mℓ（型）÷4.0（比容積）÷4（玉）

POINT
ガスを抜かないように、やさしく丸める。

ベンチタイム

20分

成形

手丸め
型1台につき4玉を入れる

ガスを軽く抜き（①）、生地を4つに折りたたみ（②）、とじ目を下に入れながら丸め、表面を張らせて俵形にする（③）。

両端に1玉ずつ入れてから残りを入れる。

POINT 力をかけると生地の目が詰まりクラストが厚くなるので、やさしく行う。

ホイロ（最終発酵）

50分
温度36℃・湿度75～80%

ホイロ後

POINT
型の口から1cm下の高さまで生地を発酵させる。

焼成

上火190℃・下火210℃
40分（スチームなし）

POINT
焼き色がわかりにくいので焼き過ぎ、または焼き足りない状態にならないように注意する。

焼成後
型から出し、表面にバター（分量外）を塗る。

ラウンド食パン

ユニークなフォルムとクラストのやわらかさが魅力です。成形の際に、具材やシート状フラワーペーストを巻き込んでバリエーションを広げられます。本書では4種のラウンド食パンをご紹介します。

直捏法 ラウンド食パン 大納言鹿の子豆（左）、チーズ（右）

写真左は大納言鹿の子豆（小豆）、右はチーズをダイスカットしたものを生地に巻き込んで焼きました。この他、さつまいもの甘露煮やレーズンもおすすめです。

直捏法 ラウンド食パン メープル

メープルシートを巻き込んだ、甘い香りのラウンド食パン。メープルシートはメープルシロップで風味をつけたフラワーペーストをシート状にしたものです。

直捏法

ラウンド食パン　チョコ

シート状のチョコレートクリームを巻き込み、チョコレート味とマーブル模様を楽しめる一品にしました。カカオの風味は、男性にも人気があります。

ラウンド　直捏法

ラウンド食パン「大納言鹿の子豆」「チーズ」

大納言鹿の子豆（小豆）入り、チーズ入り、ともに生地は同じです。成形の時に、それぞれを生地に巻き込みます。

ホイロのとり方に注意が必要です。生地が型の横幅いっぱいになり、型の口より高く盛り上がるまで発酵させます。不充分だと円筒形にならずに変形し、発酵させ過ぎると型からはみ出します。また、焼成後は置いたままにすると、下になった部分がへこみます。きれいな円筒形に仕上げるには、型に入れて冷まし、冷めるまで時々パンをまわして、型に接する部分を替えるのがポイントです。

使用した型
容積約2000mℓのラウンド型

比容積………………… 4.0

※比容積、生地量についてはP11、各数値の算出方法はP15参照

材料	ベーカーズパーセント（%）	3kg仕込みの使用量（g）
強力粉	100%	3000g
上白糖	8%	240g
食塩	2%	60g
粉乳	2%	60g
FMP	0.3%	9g
生イースト	3%	90g
バター	4%	120g
ショートニング	2%	60g
水	70%	2100g
TOTAL	191.3%	

大納言鹿の子豆　大納言小豆（甘納豆）…（生地重量の）30%…（1本につき）150g

チーズ　チーズ（とけるタイプ）…（生地重量の）30%…（1本につき）150g

大納言鹿の子豆
鹿の子豆には小豆、うぐいす豆、金時豆などが用いられる。本書では大納言小豆の甘納豆を使用。

チーズ
好みの種類を適当な大きさに刻む。本書ではとけるタイプのチーズをダイスカットして使用した。

強力粉
タンパク質……12.0%
灰分… 0.38～0.40%

生地の材料（写真は4.3kg仕込み）

ミキシング

ミキサーボウルにバターとショートニング以外の生地の材料を入れる。

ピックアップステージ	低速2分	POINT イーストは、砂糖、塩に触れないように入れる。
クリーンアップステージ	低中速3分 ⬇バターとショートニングを投入	POINT 水分が粉に入りきったところ（水切れ段階）でバターとショートニングを加える。
ディベロップメントステージ	低速2分 低中速4分	
ファイナルステージ	中高速3分	POINT 生地温度を確認しながら進める。

捏上温度 27℃

フロアタイム（1次発酵）

50分　温度28℃・湿度70%

分割・丸め

分割重量…500g

※2000mℓ（型）÷4.0（比容積）÷1（本）

分割した生地の両端を中央に寄せ（①）、手前から巻き（②）、とじ目を下にする（③）。

POINT ガスを抜かないようにやさしく丸める。

ベンチタイム

20分

成形

麺棒成形

大納言小豆またはチーズを巻き込む

大納言鹿の子豆

大納言小豆…1本につき150g

チーズ

チーズ…1本につき150g

型1台につき1本を入れる

大納言鹿の子豆

ガスを抜き、麺棒で幅25cm×長さ35cmにのばす（①）。大納言小豆をのせ、手前から巻き（②）、とじ目をつまんで接着する（③）。1本ずつ型に入れる（④）。

チーズ

ガスを抜き、麺棒で幅25cm×長さ35cmにのばす（①）。チーズをのせ、手前から巻き（②）、とじ目をつまんで接着する（③）。1本ずつ型に入れる（④）。

ホイロ（最終発酵）

45～55分

温度36℃・湿度75～80%

POINT 型幅いっぱいまで発酵させる。

焼成

上火180℃・下火210℃

60分（スチームなし）

焼成前

蓋をする。

焼成後

蓋をとり、型からパンをはずし、再び型に入れて冷ます。

POINT 時々パンを回転させながら冷ます。型からはみ出したパンは、ハサミでカットする。

ラウンド食パン「メープル」「チョコ」

「メープル」「チョコ」ともに生地は同じです。デニッシュの折り込みの要領で、リバースシーターを使い、「メープル」はメープルシートを、「チョコ」はチョコレートシートを折り込みます。生地がやわらかいので、成形はツイストして強度を高めます。そうしないと焼成後にへこんできれいな円筒形になりません。「大納言鹿の子豆」「チーズ」（196ページ）と同じく、ホイロは生地を型幅いっぱいまで発酵させます。焼成後は型に入れたまま冷まし、冷めるまで時々パンをまわして型に接する部分を替えると、きれいな形に仕上がります。

使用した型

容積約2000mℓのラウンド型

比容積……………………4.0

※比容積、生地量についてはP11、各数値の算出方法はP15参照

材料	ベーカーズパーセント（%）	3kg仕込みの使用量（g）
強力粉	100%	3000g
上白糖	8%	240g
食塩	2%	60g
粉乳	2%	60g
FMP	0.3%	9g
生イースト	3%	90g
バター	4%	120g
ショートニング	2%	60g
水	70%	2100g
TOTAL	191.3%	

メープル	メープルシート	（生地2250gに）600g（1枚）
チョコ	チョコレートシート	（生地2250gに）600g（1枚）

メープルシート

メープルシロップで風味をつけたフラワーペーストを折り込み用にシート状にしたもの。

使用した製品は1枚600g

チョコレートシート

チョコレートクリームを折り込み用にシート状にしたもの。

使用した製品は1枚600g

強力粉

タンパク質……12.0%

灰分… 0.38～0.40%

生地の材料（写真は4.3kg仕込み）

ミキシング

ミキサーボウルにバターとショートニング以外の生地の材料を入れる。

ステージ	ミキシング	POINT
ピックアップステージ	低速2分	POINT イーストは、砂糖、塩に触れないように入れる。
クリーンアップステージ	低中速3分	
	⬇バターとショートニングを投入	POINT 水分が粉に入りきったところ（水切れ段階）でバターとショートニングを加える。
ディベロップメントステージ	低速2分	
	低中速4分	
ファイナルステージ	中高速3分	POINT 生地温度を確認しながら進める。
	捏上温度 27℃	

フロアタイム（1次発酵）

50分　温度28℃・湿度70%

分割・丸め

分割重量…2250g

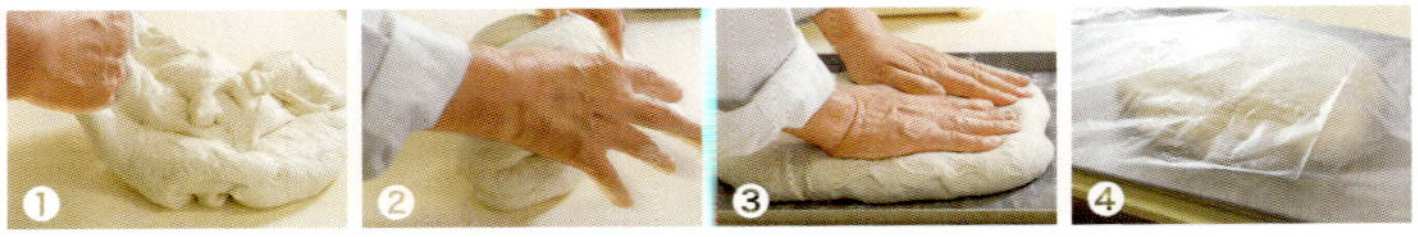

分割した生地を軽く丸め（①②）、天板にのせて平らにし（③）、乾燥防止のビニールをかぶせる（④）。

冷却・パンチ

冷却	60分	温度 −5℃
パンチ	ガス抜き	
冷却	3～4時間	温度 −5℃

マイナス5℃で60分冷却した後、生地を押してガスを抜き、再びビニールをかぶせてマイナス5℃で冷却する。

POINT 生地がメープルシート、チョコレートシートと同じくらいのかたさになるまで冷やす。

折り込み

リバースシーターでメープルシートまたはチョコレートシートを折り込む

メープル メープルシート…生地2250gにつき600g（1枚）

チョコ チョコレートシート…生地2250gにつき600g（1枚）

折り込み	三つ折り　2回	
冷却	60分	温度 −5℃

POINT いきなり狭い幅に通すと生地にストレスがかかるので、リバースシーターの目盛は20mmくらいから始め、2mmずつ落とすとよい。

メープル、チョコ共通

❶ 生地をシートの幅×長さの2倍強にのばし、シート（写真はチョコ）を包む。

❷ とじ目をリバースシーターの進行方向に向けて置き、シーターに2、3回かける。

❸ 生地がある程度薄くなったら、三つ折りする。

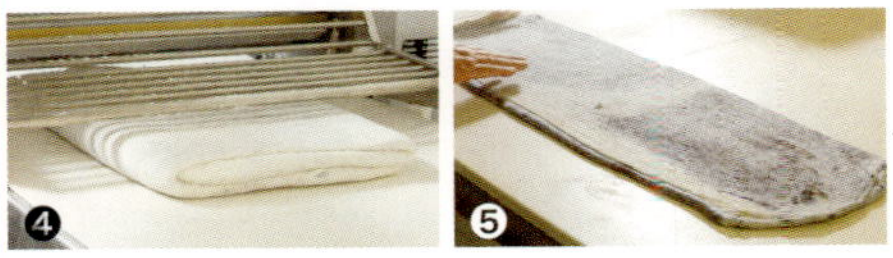

❹ 上下を返し、折り目を進行方向に置き、シーターにかける。

❺ 6～7mm厚になったら2回目の三つ折りをする。天板にのせてビニールをかけ、マイナス5℃の庫内で60分冷却する。

成形

4mm厚にのばす

ツイスト

メープル、チョコ共通 分割重量…650g

型1台につき1本を入れる

メープル、チョコ共通

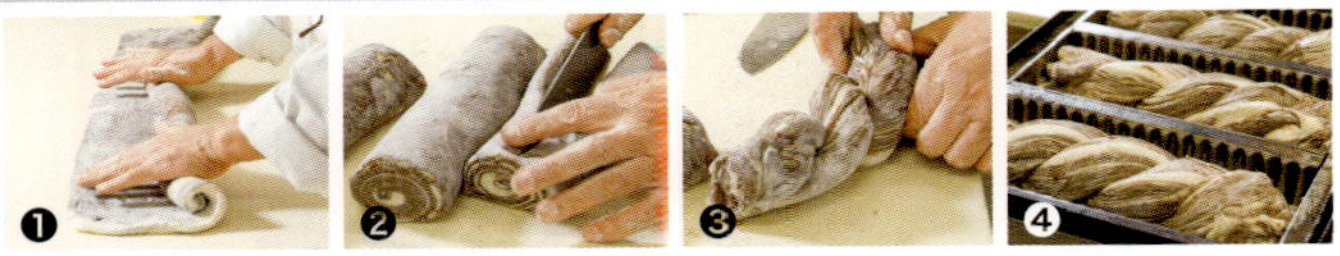

リバースシーターに数回かけて4mm厚にのばし、霧吹きして端から巻く（①）。650gに分割後、1本ずつ縦2つにカットし（上部は切り離さないほうが作業しやすい）（②）、ツイストして（③）1本ずつ型に入れる（④）。

ホイロ（最終発酵）

65分　温度36℃・湿度75～80%

ホイロ後

POINT 型幅いっぱいまで発酵させる。

焼成

上火190℃・下火210℃

55分（スチームなし）

焼成前 蓋をする。

焼成後 蓋をとり、型からパンをはずし、再び型に入れて冷ます。

POINT 時々パンを回転させながら冷ます。型からはみ出したパンはハサミでカットする。

白い焼き上がりを追求した「ホワイト食パン」

パンは焼くと必然的に焼き色がつきます。焼き色をつけず、白いパンに仕上げるというのは不自然ですが、パンのバリエーションを広げるという意味では、魅力もあります。

パンの焼き色がつく要因の一つとして、糖が挙げられます。焼成により糖分がカラメル化して茶色い焼き色がつくのです。白いパンに仕上げるには、砂糖や乳糖を入れない配合にする必要があります。そこで考えられるのは、上白糖を人工甘味料に置き換えることと、粉乳、バター、マーガリンを使わず、乳糖を含まないショートニングを使うことです。

砂糖の代わりに甘味をつける人工甘味料としては何種類かありますが、「スクラロース」を使うことが考えられます。

スクラロースは、砂糖の約６００倍の甘味度があるので、例えば、ベーカーズパーセント６％の上白糖をスクラロースに置き換えると、０・０１％となります。小麦粉３kg仕込みで０・３gのスクラロースを配合することになりますが、１g未満のわずかな重量を正確に計るのは難しいものです。このような場合は、溶液を作って計量します。スクラロース３g（必要量の10倍）を97gの水に溶かしてスクラロース溶液１００gを作り、この溶液10gを使えば、スクラロースを０・３g入れたことになります。

焼成は、生地の中まで火が通り、まだ焼き色がつかないタイミングで窯から出します。あまり早く出し過ぎると生焼けになりますから、気をつけてください。

ホワイト食パン（試作）

材料	ベーカーズパーセント(%)	3kg仕込みの使用量(g)
強力粉	100%	3000g
スクラロース溶液＊1	0.33%	10g
食塩	1.8%	54g
乳化剤＊2	0.2%	6g
乳酸発酵米パウダー＊3	5%	150g
FMP	0.3%	9g
生イースト	3%	90g
ショートニング	6%	180g
水	74%	2220g
TOTAL	190.63%	

＊1 スクラロース溶液は3kg仕込みの場合にスクラロース0.3g＋水9.7g＝10gとなる。ベーカーズパーセントは約0.33%。

スクラロース

砂糖を原料として作られる人工甘味料。甘味倍率約600倍。カロリーゼロ。

＊2 エマルジーMM-100（理研ビタミン）を使用。

＊3 NK–2パウダーSE（バイオテックジャパン）を使用。

角食　直捏法

ミキシング	低速3分・低中速2分 ↓ショートニング投入 低速2分・低中速4分・中低速3分
捏上温度	27℃
フロアタイム	60分　パンチ　20分 （発酵室温度28℃／湿度70%）
分割重量	235g（比容積4.1、型容積3825mℓ、1台4玉詰）
成形	麺棒成形
ホイロ	40分（発酵室温度36℃／湿度75～80%）
焼成	33分（上火160℃／下火200℃）

材料の主なお問合せ先→P202

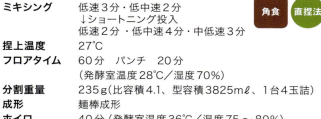

中川一巳

●なかがわかずみ

有限会社JBT・サービス代表取締役 テクニカルアドバイザー。

1946年（昭和21年）生まれ。三重県出身。65年（昭和40年）三重県立明野高校農芸化学科卒業後、敷島製パン(株)入社。70年(昭和45年）神戸『ハリー・フロインドリーブ』へ派遣。73年（昭和48年）日本パン技術研究所卒業（75期）。76年以降、敷島製パンが展開する各種ベーカリー店の店長を任される。77年（昭和52年)、80年（昭和55年）米国研修参加。81年（昭和56年）販売士２級資格取得。82年（昭和57年）『ポール・ボキューズ』大丸百貨店梅田店店長。84年（昭和59年）㈱パスコ大阪へ出向。翌年テクニカルマネージャー、店舗開発を担当。この間、『ポール・ボキューズ』『フォション』『パスコ』の出店・改装を実施。91年（平成３年）エリア担当マネージャーとなり『ポール・ボキューズ』を担当。海外店立ち上げの技術指導も行う。この年、パン製造技能検定1級資格取得。

92年（平成４年）独立し、パンの技術指導とコンサルティング活動を始める。95年(平成7年）全大阪パン共同組合講師となる。96年(平成８年）大阪・吹田にパイロット店『ナチュラルベーカリー・ボナデア』開店。97年（平成９年）韓国のベーカリー企業とコンサルティング契約を結ぶ。99年（平成11年）大阪・大手前製菓学院パン講師となる。04(平成16年）中国・上海の製パン企業の技術指導を始める。この年、天然酵母パンの独自製法で特許取得。05年（平成17年）シンガポールの企業に技術指導開始。この間、現在まで多数の企業・店舗にて技術指導。また同時に天然酵母パンの製法を広めるなど幅広く活躍中。著書に『製法特許　天然酵母パンの最新技術』（旭屋出版）がある。

有限会社 JBT・サービス

〒560-0085　大阪府豊中市上新田4-8　A1112号
TEL：06-6871-0145
URL：http://www.jbtservice.jp/

本書で使用した材料の主なお問合せ先一覧

本書で使用した材料等の入手をご希望の場合にご利用ください。
材料専門店等で入手可能なものについては、一部省略しています。

各レシピの材料説明に青字で記載した製品を中心に製造元・販売元を掲載しています。

（五十音順）

社名	住所	電話
株式会社アワジヤ（材料関係）	大阪市浪速区難波中2-7-4	06-6633-5301
オリエンタル酵母工業株式会社（※1） 食品事業本部研究開発部食品開発センター	大阪府吹田市南吹田4-4-1	06-6384-1224 03-3968-1120（東京営業部）
木下製粉株式会社	香川県坂出市高屋町1086-1	0877-47-0811
株式会社三和フーズ	山形県東置賜郡高畠町大字安久津2270	0238-52-0343 03-3593-3611（東京営業所）
有限会社JBT・サービス（※2）	大阪府豊中市上新田4-8　A1112号	06-6871-0145
ツルヤ化成工業株式会社（※3） 営業・開発本部	神奈川県相模原市緑区東橋本1-5-10 大地ビル7　2F	042-770-8131
日本製粉株式会社	東京都渋谷区千駄ヶ谷5-27-5	P204掲載　各支店営業所へ
株式会社バイオテックジャパン	新潟県阿賀野市勝屋字横道下918-112	0250-63-1555
不二製油株式会社	大阪府泉佐野市住吉町1番地	072-463-1511 03-5418-1850（東京支社）
吉原食糧株式会社	香川県坂出市林田町4285-152	0877-47-2030

※1　本書では生イーストを使用。

※2　本書ではFMP、天然酵母用ミックスジュースを使用。

※3　本書ではスクラロースを使用。

営業所・支社等は多数ある場合がありますが、代表的なものを掲載しています。

Camel

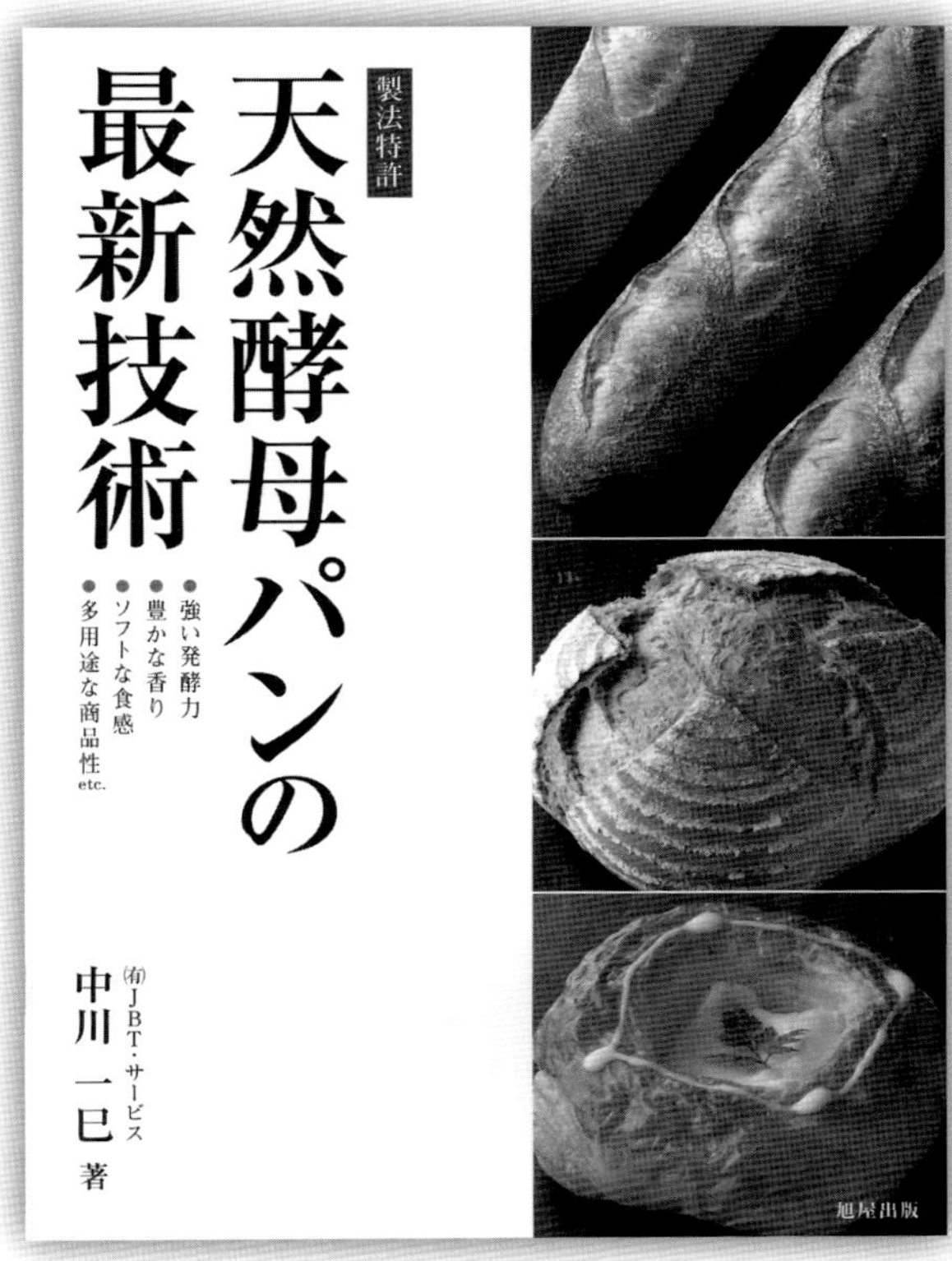

■ 定価:本体3,000円＋税
判型:A4判 128頁

好評発売中!!

製法特許

天然酵母パンの最新技術

㈲JBT・サービス 中川《なかがわ》一巳《かずみ》 著

● 強い発酵力 ● 豊かな香り ● ソフトな食感 ● 多用途な商品性etc.

長年製パン技術を磨き上げてきた著者が、より良いパンを求めて天然酵母発酵による独自のパンづくりを実現し、発酵製法の特許も取得。そのノウハウを解説したのが本書である。その製法によれば、嫌な酸味臭もなく、発酵力の弱さからくる膨らみ不足も解決でき、香りよく仕上がるのが特徴。ポイントは、酵母の培養増殖時に、独自開発した天然濃縮果汁の使用（希釈して使用）と、酵母を元気にする酵素（自然食品由来のパン品質改良発酵食品）を微量加えること。このノウハウを公開し、多くの天然酵母パン製作者の人たちをサポートすべく本書の中で、その使い方、レシピを解説。多様なパンづくりの技術書としても活用できる。

独自の天然酵母発酵製法により、幅広いパンづくりが可能に――!

主な内容構成

●天然酵母種の起こし方・継ぎ足し方・中種の作り方

天然酵母パンの作り方［基本技術編］

●フランスパンの技術（バゲット／クッペ）
●パテ・ド・カンパーニュの技術（カンパーニュ／クランベリー／ごま／クルミ／りんご他）
●山型食パン・角食パンの技術
●クロワッサンの技術（クロワッサン／チョコクロワッサン他）
●デニッシュ・ペストリーの技術（基本のデニッシュ・ペストリー／うぐいす鹿の子豆／さつまいも／レーズンとスライスアーモンド／ダークチェリー／メランジェ他）
●調理パン・菓子パンの技術（バターロール／バーガーバンズ／カレードーナツ／あんぱん／クリームパン／抹茶メロンパン他）

天然酵母パンの作り方［バラエティ編］

●トマトブレッドの作り方
●ライ麦パンの作り方（ライ麦パン／フルーツライ麦パン）
●リュスティックの作り方（リュスティック／枝豆のリュスティック他）
●ブリオッシュ・オ・フリュイの作り方
●ラスクの作り方（ラスク／コロコロラスク・焦がしバターシュガー味／フランスパンラスク・カレー味／フランスパンラスク・ガーリック味他）

――etc.

お申し込みはお早めに！

★お近くに書店のない時は、直接、郵便振替または現金書留にて下記へお申し込み下さい。

旭屋出版 〒107-0052 東京都港区赤坂1-7-19 キャピタル赤坂ビル8階
☎03-3560-9065㈹ 振替／00150-1-19572 http://www.asahiya-jp.com

協力
日本製粉株式会社西部技術センター
有限会社アワジヤ菓機
不二製油株式会社
吉原食糧株式会社
木下製粉株式会社
大手前学園
株式会社コトブキベーキングマシン
株式会社大進
デイリーフーズ株式会社
株式会社よし与工房

撮影
東谷幸一

取材・構成・デザイン
宮下郁子（らいむす企画）

制作
土田　治

新・食パン教本

生地・焼成の基礎と食パンの新展開

発行日　2016年 2月 12日 初版発行

著者　中川《なかがわ》一巳《かずみ》
発行人　早嶋 茂
制作代表　永瀬 正人

発行所　株式会社 旭屋出版
〒107-0052
東京都港区赤坂1-7-19 キャピタル赤坂ビル8階
TEL　03-3560-9065(販売)
03-3560-9066(編集)
FAX　03-3560-9071(販売)
郵便振替口座番号 00150-1-19572
URL　http://www.asahiya-jp.com

印刷・製本　凸版印刷株式会社

ISBN978-4-7511-1182-6　C2077